궁극의 곤충 요리책

따라하기 쉬운 100 가지 곤충 기반 요리법과 풀 컬러 사진으로 지속
가능하고 맛있는 곤충 포식 세계 탐험

민환 이

목차

소개

지속 가능하고 맛있는 음식에 대한 독특하고 흥미로운 접근 방식을 취하는 요리책인 궁극의 곤충 요리책에 오신 것을 환영합니다. 이 요리책에서 우리는 곤충을 먹는 관행인 곤충 소비의 세계를 탐구하고 다양한 곤충을 사용한 100 가지 군침 도는 요리법을 제공합니다. 각 레시피에는 따라하기 쉬운 지침과 풀 컬러 사진이 함께 제공되므로 만들고 있는 것을 정확하게 볼 수 있습니다. 많은 사람들이 곤충 섭취를 주저할 수 있지만 곤충은 믿을 수 없을 정도로 지속 가능하고 영양가 있는 식품 공급원입니다. 곤충은 풍부하고 사육하는 데 최소한의 자원이 필요하며 단백질과 영양소 함량이 높습니다. 사실 전 세계적으로 20 억 명이 넘는 사람들이 이미 식단에 곤충을 포함하고 있습니다! 이 요리책에서는 곤충 섭취에 대한 선입견을 없애고 곤충이 얼마나 맛있고 다재다능한지 보여드리고자 합니다. 우리의 요리법은 귀뚜라미 타코와 메뚜기 볶음과 같은 트위스트가 있는 고전적인 요리부터 거저리 피자와 개미로 덮인 초콜릿 트러플과 같은 더 모험적인 요리밥까지 다양합니다.

당신이 노련한 곤충 포식자이든 처음 시도하는 사람이든, 궁극의 곤충 요리책은 모두를 위한 무언가를 가지고 있습니다. 그러니 우리와 함께 흥미진진한 요리 여행을 떠나 식충의 세계를 함께 탐험해 봅시다!

귀뚜라미

1. 크리켓 케밥

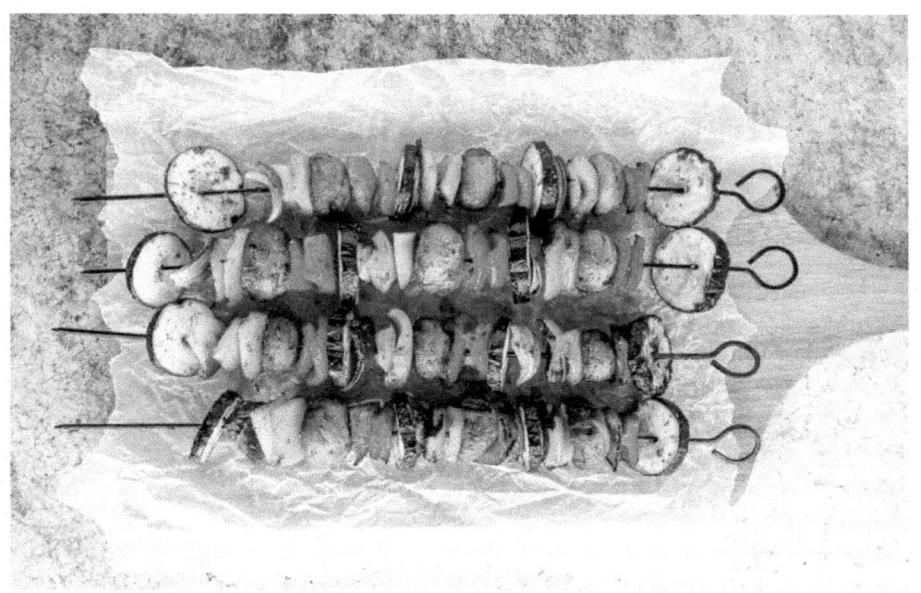

재료:

- 귀뚜라미 $\frac{1}{2}$ 컵
- 붉은 양파 덩어리 $\frac{1}{2}$컵
- 고추 $\frac{1}{2}$ 컵 덩어리

지침:

a) 고추, 적양파, 귀뚜라미를 기구 끝에 꽂습니다.

b) 불 위에서 토스트하거나 케밥을 선택한 소스에 찍어 풍듀 세트에 담습니다.

2. 크로켓 시저 샐러드

재료:

- 닭가슴살 2 개
- 귀뚜라미 1 줌
- 1 큰 신선한 양상추
- 파마산 중간 블록 1 개
- 치아바타 식빵 1 개(크루통용)
- 시저 샐러드 드레싱

지침:

a) 올리브 오일, 소금, 후추로 닭 가슴살을 굽습니다.

b) 약한 불에서 약간의 소금과 후추로 귀뚜라미를 굽습니다.

c) 양상추를 씻고 작은 덩어리로 자릅니다.

d) 파마산 치즈를 갈아서 따로 둡니다.

e) 빵을 작은 입방체로 자르고 기호에 따라 튀기거나 굽습니다.

f) 모든 재료를 함께 넣고 샐러드 드레싱을 추가합니다.

g) 던지고 봉사하십시오.

3. 크리켓 & 크림 치즈 랩

재료:

● 토르티야 랩 1 봉지
● 필라델피아 크림치즈 1 팩
● 귀뚜라미 $\frac{1}{2}$ 컵
● 신선한 로켓

지침:

a) 또띠아 랩을 평평한 표면에 놓습니다.

b) 필라델피아 크림 치즈를 뿌립니다.

c) 구운 귀뚜라미를 뿌린다.

d) 다진 신선한 로켓을 추가합니다.

e) 토르티야 랩을 단단히 말아 동그랗게 자르고 서빙합니다.

4. 페스트-O 피자

재료:

- 피자 베이스
- 토마토 소스 1 냄비
- 강판 모짜렐라 1 팩
- 리코타 (선택사항)
- 염소 치즈 (옵션)
- 페스토 소스
- 귀뚜라미 한 줌
- 메뚜기 한 줌
- 개미 1 티스푼

지침:

a) 피자 베이스를 준비합니다.

b) 베이스 전체에 토마토 소스를 바르십시오.

c) 약간의 페스토 소스를 추가합니다.

d) 귀뚜라미, 메뚜기 및 개미를 퍼뜨립니다.

e) 탑 오프 치즈와 함께 200C 오븐에서 15 분 동안 익을 때까지 굽습니다.

5. 초콜릿 귀뚜라미 가루 브라우니

재료:

- 무염 버터 215g
- 고급 다크초콜릿 185g
- 귀뚜라미 가루 45g
- 일반 밀가루 40g
- 코코아 가루 40g
- 화이트 초콜릿 50g
- 큰 계란 3 개
- 골든 캐스터 설탕 275g
- 탈수 개미 3 큰술

지침:

a) 버터를 작은 입방체로 자르고 중간 그릇에 담습니다. 다크 초콜릿(작은 조각으로 부순 것)을 추가합니다. 냄비에 물을 끓인 다음 그릇을 위에 올려 물에 닿지 않도록 팬 가장자리에 놓습니다.

b) 약한 불에 놓고 버터와 초콜릿이 녹을 때까지 가끔 저어준 다음 그릇을 팬에서 꺼냅니다. 실온으로 식히십시오.

c) 오븐 중앙에 선반을 놓고 오븐을 160C 로 켭니다. 20cm 의 얕은 정사각형 깡통 바닥에 기름칠 종이를 깔아주세요. 이제 두 종류의 밀가루와 코코아 가루를 그릇에 체질하십시오. 화이트 초콜릿과 밀크 초콜릿을 널빤지에 덩어리로 자르고 거친 사각형으로 자릅니다.

d) 최대 속도로 전기 믹서를 사용하여 밀크 쉐이크처럼 두껍고 크림처럼 보일 때까지 계란과 황금 피마자 설탕을 High 로 휘젓습니다.

e) 식힌 초콜릿 혼합물을 달걀 무스 위에 붓고 고무 주걱으로 부드럽게 섞습니다. 혼합물을 자체적으로 접고 접을 때마다 그릇을 부드럽게 움직여

사방에서 얻을 수 있습니다. 두 혼합물이 하나가 되고 색상이 얼룩덜룩한 짙은 갈색이 될 때까지 접습니다.

f) 코코아와 말가루 혼합물을 달걀 모양의 초콜릿 혼합물 그릇 위에 다시 걸러낸 다음 이전과 동일한 8 자 모양 동작을 사용하여 이 분말에서 부드럽게 접습니다. 통기 상태를 유지하는 것이 중요하므로 이 작업을 과도하게 수행하지 마십시오.

g) 마지막으로 개미, 화이트 초콜릿, 밀크 초콜릿 덩어리가 전체적으로 점을 찍을 때까지 저어줍니다.

h) 혼합물을 깡통에 붓고 주걱으로 그릇의 모든 부분을 긁어냅니다. 25 분 동안 구운 다음 부드럽게 흔들었을 때 브라우니 가운데가 흔들리는지 확인합니다. 움직임이 있으면 상단에 반짝이는 종이 크러스트가 생기고 측면이 주석에서 떨어지기 시작할 때까지 5 분 동안 다시 놓습니다. 오븐에서 꺼냅니다.

i) 브라우니가 완전히 식을 때까지 깡통에 그대로 둔 다음 원하는 대로 잘라 서빙합니다.

6. 그라운드 크리켓 로프

재료:

- 커피 $\frac{1}{4}$컵
- 셀프 라이징 밀가루 250g
- 마가린 또는 버터 100g
- 흑설탕 100g
- 베이킹 파우더 1 티스푼
- 레몬 에센스 1 티스푼
- 신 우유 60ml
- 계란 2 개
- 귀뚜라미 가루 25g(0.5mm 체질)

지침:

a) 신선한 곤충을 미리 세척하고 오븐에서 70°C 로 2 시간 동안 건조시킵니다.

b) 말린 곤충을 유봉과 박격포를 사용하여 고운 가루로 부수십시오.

c) 오븐을 180°C 로 예열합니다. 빵틀에 기름칠을 하고 기름칠 종이를 깔고 따로 둡니다.

d) 가볍고 푹신해질 때까지 마가린 또는 버터와 설탕을 크림화하십시오. 계란, 커피, 귀뚜라미 가루, 레몬 에센스를 추가합니다.

e) 부드러워질 때까지 함께 접습니다.

f) 셀프라이징 박력분과 베이킹파우더는 체쳐주세요. 크림 혼합물에 서서히 첨가하면서 계속 접습니다. 떨어지는 일관성을 만들기 위해 신 우유를 추가하십시오.

g) 빵 틀에 붓고 40~45 분 동안 또는 꼬치가 깨끗해질 때까지 굽습니다. 유통기한: 1 주일 이내에 가장 잘 소비됩니다.

7. 집 귀뚜라미와 날짜

재료:

- 15 냉동 귀뚜라미
- 15 일

지침:

a) 대추를 옆으로 자르고 씨를 제거한 다음 얼린 귀뚜라미를 채웁니다.

b) 귀뚜라미의 고소한 풍미가 대추의 달콤한 풍미와 결합되도록 해동시키십시오.

8. 구운 집 크리켓 스낵

재료:

● 귀뚜라미

● 참기름이나 올리브유 몇 방울

지침:

a) 날개를 제거하십시오.

b) 귀뚜라미에 참기름이나 올리브 오일 몇 방울을 섞고 오븐 그릴에서 바삭해질 때까지 약 10 분 동안 요리합니다.

c) 팬에 다른 방법을 사용하려면 날개 없는 귀뚜라미를 참깨나 올리브 오일 몇 방울에 넣고 바삭해질 때까지 약 10 분 동안 볶습니다. 즐기다!

9. 다목적 귀뚜라미 가루

재료:

● ⅔ 다목적 말가루 컵

● ⅓ 컵 귀뚜라미 가루

지침:

a) 혼합 ⅔ 다용도 베이킹 말가루 컵과 ⅓ 컵 귀뚜라미 가루.

b) 이 비율을 사용하여 다목적 베이킹 귀뚜라미 가루를 직접 만드십시오.

10. 초콜릿 에스프레소 바나나 빵

재료:

- 잘 익은 바나나 3-4 개
- 1 $\frac{1}{2}$ 다목적 베이킹 밀가루
- 코코넛 설탕 $\frac{1}{2}$ 컵
- 흑설탕 $\frac{1}{2}$ 컵
- $\frac{1}{3}$ 컵 녹은 버터
- 달걀 1 개
- 귀뚜라미 가루 3 큰술
- 에스프레소 1 샷
- 바닐라 익스트랙 1 티스푼
- 베이킹 소다 1 티스푼
- 바다소금 1 꼬집

지침:

a) 오븐을 350°F 로 예열합니다.

b) 믹싱볼에 바나나와 녹인 버터를 완전히 섞일 때까지 섞습니다.

c) 다음으로 베이킹 소다, 소금, 흑설탕, 코코넛 설탕, 잘 푼 계란 1 개를 넣고 섞습니다.

d) 바닐라 추출물, 실온으로 식힌 에스프레소 1 샷, 귀뚜라미 가루, 베이킹 밀가루를 모두 함께 섞습니다.

e) 4 인치 × 8 인치 빵 팬에 기름을 살짝 바르고 최종 혼합물을 추가합니다. 랙 중간에 놓고 50 동안 굽습니다.

분. 즐기다!

11. 귀뚜라미 단백질을 곁들인 바나나 팬케이크

재료:

- 바나나 2 개
- 계란 2 개
- 귀뚜라미 가루 1 큰술
- 아몬드 우유 $\frac{1}{4}$ 컵

지침:

a) 작은 믹싱 볼에 바나나 $1\frac{1}{2}$ 개, 계란, 귀뚜라미 가루, 아몬드 믹스를 넣고 혼합물이 완전히 섞일 때까지 휘젓습니다.

b) 나머지 $\frac{1}{2}$ 바나나를 슬라이스하고 옆에 놓습니다.

c) 기름을 살짝 두른 후라이팬을 중불로 올려서 $\frac{1}{3}$ 혼합물을 팬에 옮겨 요리를 시작합니다.

d) 양면이 황금빛 갈색이 될 때까지 요리합니다.

e) 불을 끄고 얇게 썬 바나나와 원하는 추가 토핑을 추가합니다. 즐기다!

12. 미니 레몬 & 발렌시아 오렌지 라즈베리 스콘

재료:

- 2⅓ 컵 귀뚜라미 가루
- 다목적 베이킹 밀가루
- ⅓ 컵 설탕
- 베이킹 파우더 2 작은술
- 베이킹 소다 ¼ 작은술
- 소금 ½ 작은술
- 냉동 무염 버터 8 큰술
- 큰 달걀 1 개
- 그릭 요거트 ½ 컵
- 신선한 압착 레몬 1 큰술
- 레몬 1 개의 제스트
- 발렌시아 오렌지 껍질 1 ½ 티스푼
- 바닐라 익스트랙 1 티스푼
- 신선한 산딸기 1 컵

지침:

a) 오븐을 400°F 로 예열합니다.

b) 머핀틀 2 개에 기름을 살짝 발라줍니다.

c) 중간 크기의 믹싱 볼에 설탕, 오렌지 껍질, 레몬 제스트를 넣고 함께 섞습니다. 다음으로 남은 크리켓 다용도 베이킹 밀가루, 베이킹 파우더, 베이킹 소다, 소금을 넣고 섞일 때까지 섞습니다.

d) 냉동 버터를 가루에 갈아서 섞고 혼합물이 뭉칠 때까지 섞습니다.

e) 별도의 그릇에 요거트, 계란, 바닐라 추출물, 레몬 주스를 섞습니다.

f) 혼합될 때까지 액체 혼합물을 건조 분말에 부드럽게 포크합니다. 과도하게 혼합하지 않도록 주의하십시오.

g) 신선한 라즈베리를 부드럽게 접습니다.

h) 반쯤 채워질 때까지 깡통에 숟가락으로 담고 중앙 랙에서 황금빛 갈색이 될 때까지 15 분 동안 굽습니다.

13. 파인애플 라즈베리 스무디

재료:

- 파인애플 주스 $\frac{3}{4}$ 컵
- 냉동 산딸기 1 컵
- 귀뚜라미 가루 2 큰술
- 신선한 바나나 1 개
- 얼음 $\frac{1}{2}$ 컵

지침:

a) 주방 믹서기를 사용하여 먼저 파인애플 주스, 껍질을 벗긴 바나나, 귀뚜라미 가루를 함께 넣습니다.

b) 다음으로 냉동 라즈베리와 얼음을 넣고 모든 재료를 중간 가루로 섞어 부드러워질 때까지 섞습니다.

c) 즐기다!

14. 망고 귀뚜라미 단백질 스무디

재료:

- 얼린 망고 1 컵
- ⅔ 컵 코코넛 밀크
- 그릭 요거트 ½ 컵
- 얼음 ½ 컵
- 귀뚜라미 가루 2 큰술
- 아몬드 우유 1 컵

지침:

a) 믹서기에 모든 재료를 넣고 부드러워질 때까지 갈아줍니다.

b) 즐기다!

15. 아보카도 단백질 스무디

재료:

- 잘 익은 아보카도 2 개
- 코코넛 밀크 1 컵
- 클로버 꿀 2 큰술
- 귀뚜라미 가루 2 큰술

지침:

a) 믹서기에 모든 재료를 넣고 부드러워질 때까지 갈아줍니다.

b) 즐기다!

16. 귀뚜라미 단백질을 함유한 크랜베리 망고 스무디

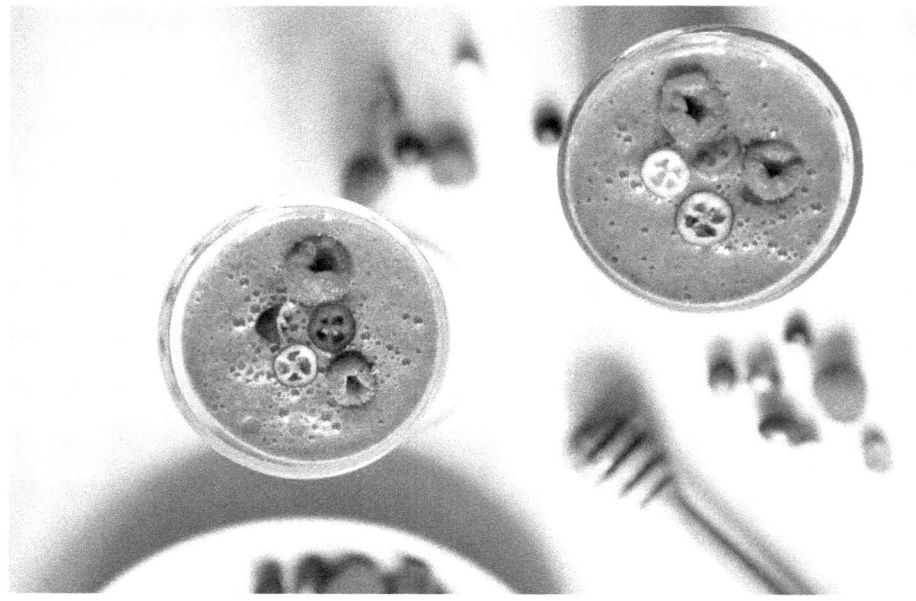

재료:

- ⅓ 냉동 크랜베리 컵
- ⅔ 냉동 적포도 컵
- ⅔ 컵 냉동 망고
- 그릭 요거트 ½ 컵
- 코코넛 밀크 1 컵
- 귀뚜라미 가루 2 큰술

지침:

a) 표준 주방 블렌더에 모든 재료를 넣고 부드러워질 때까지 함께 섞습니다.

17. 크리켓 드래곤 스무디

재료:

- 냉동 피타야/용과 $\frac{3}{4}$ 컵
- 냉동 망고 슬라이스 1 컵
- 귀뚜라미 가루
- 파인애플 주스 $\frac{3}{4}$ 컵

지침:

a) 표준 주방 블렌더에 모든 재료를 넣고 부드러워질 때까지 함께 섞습니다.

18. 석류 캐슈 그린 샐러드

재료:

- 혼합 채소 1 ½ 컵
- 석류씨 1 ½ 큰술
- 구운 캐슈넛 1 큰술
- 샐러드 드레싱 1 큰술(옵션)
- 죽은 태아, 파란색 또는 염소 치즈와 같은 치즈가 부서집니다.

지침:

a) 접시나 그릇에 혼합 채소, 구운 캐슈넛, 석류씨를 넣습니다. 사용하는 경우 치즈를 추가하십시오.

b) 좋아하는 샐러드 드레싱을 뿌립니다.

19. 레몬 드레싱

재료:

- 엑스트라 버진 올리브 오일 3 큰술
- 신선한 레몬즙 3 큰술
- 귀뚜라미 가루 1 티스푼
- 신선한 고수 $\frac{1}{2}$작은술
- 다진마늘 $\frac{1}{2}$작은술

지침:

a) 작은 믹싱 볼에 모든 재료를 넣고 완전히 섞일 때까지 휘젓습니다.

b) 즐기다!

20. 머스타드 드레싱

재료:

- 엑스트라 버진 올리브 오일 3 큰술
- 사이다 식초 2 큰술
- 준비된 머스타드 1 티스푼
- 귀뚜라미 가루 1 티스푼
- 꿀 2 티스푼

지침:

a) 작은 믹싱 볼에 모든 재료를 넣고 완전히 섞일 때까지 휘젓습니다.

b) 즐기다!

21. 알프레도 소쓰

재료:

- 버터 1 티스푼
- 마늘 2 쪽
- 다목적 밀가루 1 큰술
- 1⅓컵 탈지 우유
- 크림치즈 2 큰술
- 1¼ 컵 갈은 파마산 치즈
- 귀뚜라미 가루 2 작은술

지침:

a) 푸드 프로세서에서 우유와 귀뚜라미 가루를 섞을 때까지

b) 완전히 혼합.

c) 루를 만들기 위해 중간 소스 팬을 사용합니다.

d) 버터, 마늘, 다용도 밀가루, 귀뚜라미 가루 우유

e) 혼합물. 중불에서 3~4 분간 계속 저어주세요

f) 걸쭉해질 때까지.

g) 크림치즈 파마산을 모두 넣고 계속

h) 치즈가 완전히 녹을 때까지 저어줍니다.

22. 알프레도 구운 브로콜리

재료:

- 4 컵 브로콜리 작은 꽃
- 다진마늘 ½작은술
- ⅓컵 올리브 오일
- 알프레도 소스

지침:

a) 오븐을 400°F 로 예열합니다.

b) 브로콜리를 헹구고 베이킹 시트에 작은 꽃을 펼칩니다.

c) 작은 그릇에 올리브 오일과 다진 마늘을 넣고 브로콜리 위에 살짝 뿌립니다.

d) 옅은 갈색이 될 때까지 15 분간 굽습니다.

e) 뜨거운 알프레도 소스를 구운 브로콜리 위에 올려 바로 제공합니다.

23. 사워 크림 크리켓 치즈 딥

재료:

- 사워크림 8 온스
- 크림 치즈 8 온스
- 다진마늘 ½큰술
- ⅓컵 파
- 실란트로 1 타스푼
- 커민 ½작은술
- 슈레드 체다 치즈 1 컵
- ½ 온스 드라이 랜치 샐러드 드레싱 믹스
- 토마토 1 개
- 귀뚜라미 가루 ½큰술
- 잘게 썬 할라피뇨 고추 1 개

지침:

a) 중간 크기의 믹싱 볼에 모든 재료를 섞고 서빙하기 전에 2 시간 동안 식힙니다.

b) 토틸라 칩과 함께 제공하고 즐기십시오

24. 매운 구운 고추

재료:

- 애너하임 고추 5 개
- 4 가지 치즈 블렌드 2 컵
- 귀뚜라미 가루 2 작은술
- 달걀 1 개
- 칠리 파우더 $\frac{1}{4}$ 티스푼
- 백후추 $\frac{1}{8}$ 작은술
- 소금 1 꼬집
- 레드 페퍼 플레이크 2 티스푼

지침:

a) 오븐을 375°F 로 예열합니다. 큰 베이킹 팬이나 쿠키 시트에 기름을 바릅니다.

b) 고추를 헹구고 각 고추의 길이를 자릅니다.

c) 모든 씨앗을 제거하십시오.

d) 믹싱볼에 치즈, 계란, 귀뚜라미 가루, 소금, 고춧가루, 흰 후추를 섞습니다.

e) 숟가락을 사용하여 치즈 혼합물을 각 고추의 구멍에 펴 바릅니다. 위에 레드 페퍼 플레이크를 뿌린다.

f) 베이킹 팬에 고추를 놓고 오븐에서 20 분 동안 굽습니다.

g) 따뜻하게 서빙하십시오.

25. 귀뚜라미 박제 눈 완두콩

재료:

- 눈 완두콩 30 개
- 버터 4 큰술(실온)
- 크림 치즈 16 온스(실온)
- 다진마늘 2 큰술
- 다진 바질 1 큰술
- 귀뚜라미 가루 1 큰술
- 간 후추 1 티스푼
- 다진 쪽파 2 큰술
- 다진 파슬리 잎 1 $\frac{1}{2}$ 큰술
- 바다 소금 $\frac{1}{2}$ 작은술
- 신선한 레몬즙 1 큰술

지침:

a) 중간 크기의 믹싱 볼에 완두콩과 레몬즙을 제외한 모든 재료를 넣고 잘 섞일 때까지 섞습니다.

b) 혼합되면 혼합물을 짤주머니나 큰 플라스틱 보관 백에 넣고 모서리를 작게 잘라 따로 보관합니다.

c) 중간 크기의 팬에 약간의 소금을 넣은 물을 끓이고 눈 완두콩을 약 30 초 동안 데친 후 두드려 물기를 제거합니다. (데치는 방법은 눈콩을 끓는 물에 30 초 동안 넣은 다음 얼음물이 담긴 그릇에 떨어뜨려 두드려 말립니다.)

d) 작은 칼을 사용하여 구부러진 면을 따라 완두콩을 자르고 쪼개서 엽니다.

e) 가방에서 혼합물을 짜내고 신선한 레몬 주스를 약간 추가하여 마무리합니다. 즐기다!

26. 베이컨 크림 치킨

재료:

- 닭가슴살 8 개
- 베이컨 8 조각
- 콘비프 $\frac{1}{4}$ 파운드
- 사워크림 8 온스
- 코코넛 크림 14 온스 캔
- 귀뚜라미 가루 $\frac{1}{4}$ 컵
- 요리용 셰리 6 큰술
- 얇게 썬 전체 버섯 2 컵

지침:

a) 오븐을 275°F 로 예열합니다.

b) 유리 팬에 소금에 절인 쇠고기 조각을 자르고 바닥을 쇠고기 층으로 덮습니다.

c) 각 닭 가슴살을 베이컨 조각으로 감싸고 유리 팬에 넣습니다.

d) 중간 크기의 믹싱 볼에 사워 크림, 코코넛 크림, 귀뚜라미 가루, 요리용 셰리를 섞습니다.

e) 크림 혼합물을 숟가락으로 떠서 베이컨으로 감싼 닭고기 위에 펴 바르고 팬을 알루미늄 호일로 덮습니다.

f) 팬을 오븐에 넣고 3 시간 동안 요리합니다.

g) 2 시간 정도 익힌 후 알루미늄 호일을 제거하고 마지막 1 시간 동안 익힌 닭 위에 버섯을 뿌린다.

27. 귀뚜라미 고기 타코

재료:

- 다진 소고기 1 파운드
- 신선한 중간 크기의 노란 양파 1 개
- 카이엔 가루 1 $\frac{1}{2}$ 티스푼
- 신선한 깍둑썰기한 빨간 토마토 1 개
- 잘게 썬 할라피뇨 고추 1 개
- 바질 1 티스푼
- 오레가노 1 티스푼
- 다진마늘 2 작은술
- 소금 $\frac{1}{2}$ 작은술
- $\frac{1}{2}$ 작은술 으깬 후추
- $\frac{1}{3}$ 컵 물
- 귀뚜라미 가루 3 큰술

지침:

a) 중간 팬에 다진 소고기, 양파, 마늘을 중불에서 볶습니다.

b) 불을 약하게 하고 나머지 재료를 넣고 완전히 섞일 때까지 저어줍니다.

c) 뚜껑을 덮고 물이 흡수될 때까지 10-15 분 동안 끓입니다.

d) 타코 쉘과 좋아하는 타코 토핑을 사용하여 맛있는 귀뚜라미 고기 타코를 만드세요. 즐기다!

28. 크리켓 피자

재료:

- 활성 건조 효모 패키지 1 개
- 설탕 1 티스푼
- 따뜻한 물 1 컵
- 빵가루 2 컵
- 귀뚜라미 가루 $\frac{1}{2}$ 컵
- 버진 올리브 오일 2 큰술
- 바다 소금 1 티스푼

지침:

a) 오븐을 450°F 로 예열합니다.

b) 믹싱 볼에 따뜻한 물, 설탕, 활성 드라이 이스트를 넣고 녹을 때까지 저어줍니다. 10 분간 그대로 둡니다.

c) 빵가루, 귀뚜라미 가루, 바다 소금, 올리브 오일을 넣고 부드러워질 때까지 섞습니다.

d) 혼합물을 5~8 분 동안 그대로 둡니다(혼합물을 따뜻한 곳에 45~60 분 동안 덮어 두어 크러스트를 두껍게 만들 수 있습니다).

e) 밀가루를 살짝 뿌린 빵판에 반죽을 뒤집어 1~2 회 치대어 사용합니다.

f) 좋아하는 피자 토핑을 추가하고 오븐 중앙 랙에서 15-20 분 동안 굽습니다. 즐기다!

29. 귀뚜라미 가루 바닐라 브라우니

재료:

- 버터 $\frac{1}{2}$ 컵
- 코코아 6 큰술
- 소금 한 꼬집
- 바닐라 1 티스푼
- 계란 2 개
- 설탕 1 컵
- 크리켓 다용도 베이킹 밀가루 $\frac{3}{4}$ 컵

지침:

a) 오븐을 350°F 로 예열합니다. 8x8 인치 베이킹 팬에 그리스를 바릅니다.

b) 약한 불에서 중간 냄비에 버터를 녹인 다음 코코아와 소금을 섞습니다. 열을 제거하십시오.

c) 설탕, 귀뚜라미 다용도 베이킹 밀가루, 계란, 바닐라를 넣고 부드러워질 때까지 섞습니다.

d) 섞은 반죽을 준비된 팬에 붓습니다.

e) 24 분 동안 굽습니다.

f) 이쑤시개로 익었는지 확인하세요.

g) 깨끗하게 나와야 합니다. 귀뚜라미 가루 브라우니는 완전히 익은 것처럼 보이지 않을 수 있지만 일단 꺼내면 계속 요리됩니다.

h) 맛있는 귀뚜라미 가루 브라우니를 너무 익히고 싶지는 않습니다.

30. 트리플 레이어 브라우니

재료:

- 16 온스 캔 초콜릿 시럽
- 계란 4 개
- 가루 설탕 3 컵
- 알갱이 설탕 1 컵
- 다목적 베이킹 밀가루 1 컵
- 부드러운 버터 1 컵
- ⅓컵 귀뚜라미 가루
- 세미 스위트 베이커스 초콜릿 2 온스
- 우유 4 큰술
- 바닐라 추출물 2 큰술

지침:

a) 오븐을 350°F 로 예열합니다. 8x8 인치 베이킹 팬에 그리스를 바릅니다.

b) 표준 주방 믹서에서 8oz 연화 버터, 1 컵 설탕, 1 테이블스푼 바닐라, 귀뚜라미 가루를 결합하고 저속-중간 속도로 혼합합니다. 혼합물을 베이킹 팬에 넣고 완전히 익을 때까지 20-25 분 동안 중앙 랙에 놓습니다.

c) 착빙 층의 경우 주방 믹서에 녹인 버터 6 테이블스푼과 바닐라 1 테이블스푼으로 시작합니다. 슈가파우더와 우유를 번갈아가면서 천천히 넣어주세요. 원하는 색상의 식용 색소를 추가하고 브라우니가 식으면 아이싱을 시작합니다.

d) 세 번째이자 마지막 층을 위해 약한 불에 놓인 작은 소스 팬에 2oz 세미 스위트 베이커 초콜릿과 버터 3 큰술을 녹입니다.

e) 녹으면 혼합물을 아이스 브라우니 위에 천천히 뿌려 맛있는 삼중 브라우니를 완성하세요.

31. 헤이즐넛 주류 케이크

재료:

- 2⅔다목적 말가루 컵
- ⅓컵 귀뚜라미 가루
- 베이킹 파우더 1 티스푼
- 설탕 2 컵
- 식물성 기름 ½컵
- 계란 4 개
- 물 ½컵
- 헤이즐넛 주류 ½컵
- 우유 ½컵
- 다진 헤이즐넛 ½컵
- 인스턴트 바닐라 푸딩 1 봉지

지침:

a) 오븐을 350°F 로 예열합니다.

b) Bundt 팬에 기름을 바르고 가볍게 밀가루를 바르고 여분의 밀가루를 털어냅니다.

c) 전기 믹서로 밀가루, 귀뚜라미 가루, 설탕, 베이킹 파우더, 인스턴트 바닐라 푸딩 믹스를 조심스럽게 섞습니다.

d) 식물성 기름, 계란, 헤이즐넛 주류 및 우유를 첨가하십시오. 중간 출력에서 모든 재료를 4-5 분 동안 혼합합니다.

e) 준비된 Bundt 팬에 혼합 반죽을 붓기 전에 먼저 다진 헤이즐넛을 추가합니다.

f) 황금빛 갈색이 될 때까지 60 분 동안 오븐에 팬을 넣습니다. 삽입된 이쑤시개는 깨끗이 나와야 합니다.

g) 5 분 동안 그대로 두어 식힙니다.

h) 긴 금속 또는 나무 끝을 사용하여 바닥을 10-15 번 뚫은 후 케이크를 접시에 담습니다.

32. 헤이즐넛 주류 글레이즈

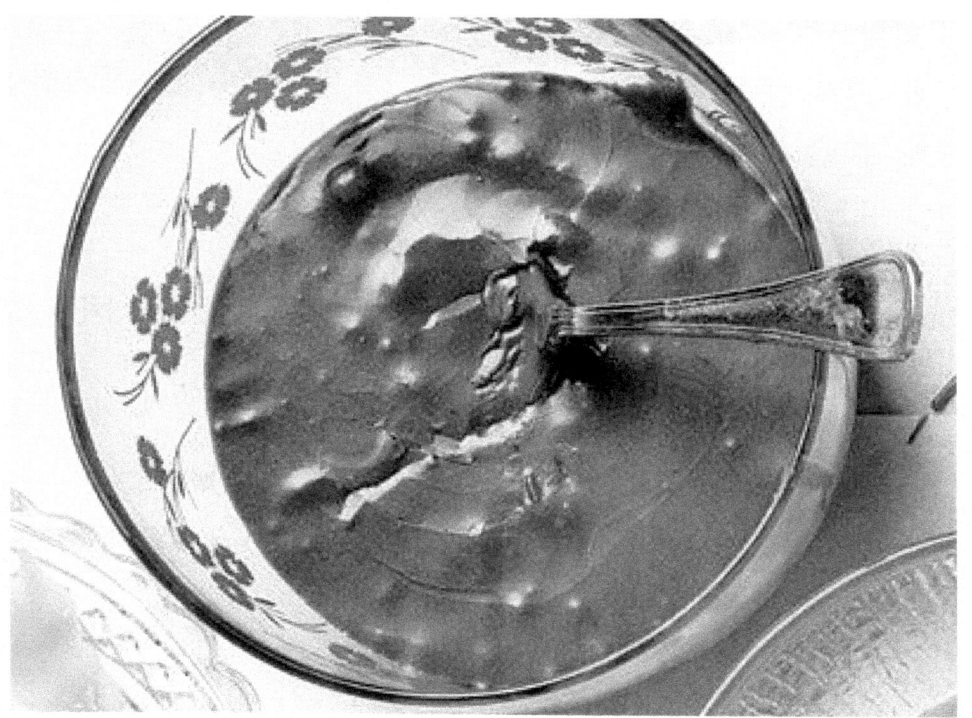

재료:

- 1 스틱 버터
- 물 $\frac{1}{4}$컵
- 알갱이 설탕 1 컵
- 헤이즐넛 주류 $\frac{1}{2}$컵

지침:

a) 중간 냄비에 버터, 물, 설탕을 넣고 중불에서 5 분 동안 계속 저어줍니다.

b) 열에서 제거하고 헤이즐넛 주류를 저어줍니다.

c) 따뜻한 헤이즐넛 주류 케이크 위에 글레이즈를 살짝 뿌립니다.

d) 뚫린 케이크는 유약을 계속 흡수하므로 상단, 중간 및 측면에 계속해서 이슬비가 더 많이 내립니다.

33. 더블 초콜릿 크리켓 크리스피

재료:

- 버터 4 큰술
- 1 ½ 컵 초콜릿 칩
- 마시멜로 10 온스
- 크리미한 땅콩 버터 3 큰술
- 귀뚜라미 가루 2 큰술
- 쌀 시리얼 7 컵

지침:

a) 중간 소스 팬에 버터, 초콜릿 칩 1 컵, 마시멜로를 중간 열에서 완전히 녹일 때까지 함께 녹입니다.

b) 땅콩 버터와 귀뚜라미 가루를 넣고 완전히 섞일 때까지 저어줍니다.

c) 쌀 시리얼을 넣기 시작하고 시리얼이 녹은 혼합물로 완전히 덮일 때까지 함께 저어줍니다.

d) 기름을 살짝 바른 금속 팬이나 유리 캐서롤 팬을 사용하여 혼합물을 용기에 눌러 고르게 펴 바릅니다.

e) 나머지 ½ 컵의 초콜릿 칩을 혼합물 위에 붓고 가볍게 누릅니다. 즐기다!

34. 다크 당밀 진저 스냅 쿠키

재료:

- 1⅔컵 밀가루
- ⅓컵 귀뚜라미 가루
- 설탕 1 컵
- 달걀 1 개
- 쇼트닝 ¾컵
- 생강 1 티스푼
- 베이킹 소다 1 티스푼
- 계피 1 티스푼
- ¼ 컵 다크 당밀

지침:

a) 오븐을 350°F 로 예열합니다. 하나의 큰 쿠키 시트를 준비하십시오.

b) 전기 믹서를 사용하여 모든 재료를 한 번에 넣고 쇼트닝이 완전히 섞일 때까지 중불에서 저어줍니다.

c) 숟가락을 사용하여 각 쿠키를 나누어 쿠키 시트에 놓기 전에 반죽을 1-2 인치 간격으로 공 모양으로 굴립니다.

d) 포크를 잡고 각 쿠키의 중앙에 갈래를 눌러 먼저 한 방향으로 이동한 다음 다른 방향으로 동일한 표시를 가로질러 해시 표시를 만듭니다.

e) 설탕을 살짝 뿌리고 오븐에 10-12 분 동안 두세요. 즐기다!

35. 땅콩 버터 초콜릿 칩 쿠기

재료:

- 2 $\frac{1}{4}$ 컵 베이킹 밀가루
- 귀뚜라미 가루 $\frac{1}{4}$ 컵
- 베이킹 소다 1 티스푼
- 소금 1 티스푼
- 부드러운 버터 2 스틱
- 과립 설탕 $\frac{3}{4}$ 컵
- 흑설탕 $\frac{3}{4}$ 컵
- 아몬드 추출물 1 티스푼
- 계란 2 개
- 반 달콤한 초콜릿 한 조각 1 컵
- 땅콩 버터 칩 1 컵

지침:

a) 오븐을 375°F 로 예열합니다. 하나의 큰 쿠키 시트를 준비하십시오.

b) 믹싱 볼에 베이킹 밀가루, 크리켓 초콜릿 땅콩 버터, 베이킹 소다, 소금을 함께 넣고 따로 둡니다.

c) 표준 주방 믹서에서 연화 버터, 설탕 및 아몬드 추출물을 중간 정도의 힘으로 휘젓기 시작합니다.

d) 두 계란을 모두 섞고 믹서를 낮게 설정하고 완전히 섞일 때까지 밀가루 혼합물을 믹싱 볼에 천천히 추가하기 시작합니다.

e) 믹서에서 믹싱 볼을 꺼내 약간 달콤한 초콜릿 조각과 땅콩 버터 칩 두 컵을 접습니다.

f) 표준 쿠키 베이킹 시트를 사용하여 예열된 오븐에 10 분 동안 황금빛 갈색이 될 때까지 넣기 전에 쿠키 반죽을 시트 위에 고르게 숟가락으로 떠냅니다.

36. 코코넛 빵

재료:

- 계란 6 개
- 베이킹파우더 1 스푼
- 2 큰 술
- $\frac{1}{2}$ 컵 갈은 아마씨
- 귀뚜라미 가루 $\frac{1}{2}$컵
- 계피 $\frac{1}{2}$작은술
- 잔탄검 1 티스푼
- $\frac{1}{3}$무가당 코코넛 밀크 컵
- 올리브 오일 $\frac{1}{2}$컵
- 소금 $\frac{1}{2}$작은술

지침:

a) 오븐을 375F 로 예열합니다.

b) 계란, 우유, 기름을 스탠드 믹서에 넣고 섞일 때까지 혼합합니다.

c) 남은 재료를 넣고 잘 섞일 때까지 혼합합니다.

d) 기름을 두른 팬에 반죽을 붓습니다.

e) 오븐에서 40 분간 굽는다.

f) 슬라이스하고 봉사하십시오.

37. 치아 시금치 팬케이크

재료:

- 계란 4 개
- 귀뚜라미 가루 $\frac{1}{2}$컵
- 코코넛 밀크 1 컵
- 치아씨드 $\frac{1}{4}$컵
- 다진 시금치 1 컵
- 베이킹 소다 1 티스푼
- 후추 $\frac{1}{2}$작은술
- 소금 $\frac{1}{2}$작은술

지침:

a) 거품이 날 때까지 그릇에 계란을 휘젓습니다.

b) 모든 건조 재료를 결합하고 달걀 혼합물을 넣고 부드러워질 때까지 휘젓습니다. 시금치를 넣고 잘 저어주세요.

c) 팬에 버터를 두르고 중불로 가열합니다.

d) 팬에 반죽 3~4 큰술을 붓고 팬케이크를 만든다.

e) 양쪽에서 가볍게 황금빛 갈색이 될 때까지 팬케이크를 요리하십시오.

38. 신선한 베리 머핀

재료:

- 계란 2 개
- 바닐라 $\frac{1}{2}$ 티스푼
- 신선한 블루베리 $\frac{1}{2}$ 컵
- 베이킹 파우더 1 티스푼
- 스테비아 6 방울
- 헤비 크림 1 컵
- 귀뚜라미 가루 2 컵
- 녹인 버터 $\frac{1}{4}$ 컵

지침:

a) 오븐을 화씨 350 도로 설정합니다.

b) 믹싱볼에 달걀을 넣고 잘 섞일 때까지 휘젓는다.

c) 계란에 나머지 재료를 섞는다.

d) 기름칠한 머핀 틀에 반죽을 채우고 오븐에서 25 분간 굽습니다. 제공하다.

39. 브로콜리 너겟

재료:

- 달걀 흰자 2 개
- 브로콜리 작은 꽃 2 컵
- 가루로 만든 귀뚜라미 $\frac{1}{4}$ 컵
- 체다 치즈 1 컵, 잘게 썬 것
- $\frac{1}{8}$ 티스푼의 소금

지침:

a) 오븐을 350F 로 예열합니다.

b) 볼에 브로콜리를 넣고 매셔로 으깨줍니다.

c) 나머지 재료를 브로콜리와 섞는다.

d) 베이킹 트레이에 20 스쿱을 놓고 가볍게 누릅니다.

e) 예열된 오븐에 20 분간 굽는다.

40. 건강한 외플

재료:

- 액상 스테비아 8 방울
- 베이킹 소다 ½ 티스푼
- 치아씨드 1 큰술
- 물 ¼ 컵
- 해바라기 씨 버터 2 큰술
- 계피 1 티스푼
- 껍질을 벗기고 씨를 빼고 으깬 아보카도 1 개
- 바닐라 1 티스푼
- 레몬즙 1 큰술
- 귀뚜라미 가루 3 큰술

지침:

a) 와플 다리미를 예열합니다.

b) 작은 그릇에 물과 치아씨드를 넣고 5 분 동안 담급니다.

c) 해바라기 씨 버터, 레몬 주스, 바닐라, 스테비아, 치아 혼합물 및 아보카도를 함께 으깨십시오.

d) 계피, 베이킹 소다, 코코넛 가루를 섞는다.

e) 마른 재료에 젖은 재료를 넣고 잘 섞는다.

f) 와플 혼합물을 뜨거운 와플 다리미에 붓고 각 면을 3-5 분 동안 익힙니다.

41. 치즈 아몬드 팬케이크

재료:

- 계란 4 개
- 계피 $\frac{1}{4}$ 작은술
- 크림치즈 $\frac{1}{2}$ 컵
- 귀뚜라미 가루 $\frac{1}{2}$ 컵
- 녹인 버터 1 큰술

지침:

a) 모든 재료를 블렌더에 넣고 잘 섞일 때까지 갈아줍니다.

b) 팬에 버터를 중불로 가열합니다.

c) 팬케이크 하나에 반죽 3 큰술을 붓고 각 면을 2 분씩 굽습니다.

42. 호박 머핀

재료:

- 계란 4 개
- 호박 퓨레 $\frac{1}{2}$컵
- 호박 파이 향신료 1 작은술
- 귀뚜라미 가루 $\frac{1}{2}$컵
- 베이킹파우더 1 스푼
- 바닐라 1 티스푼
- $\frac{1}{3}$컵 코코넛 오일, 녹은
- $\frac{2}{3}$컵 방향 전환
- 귀뚜라미 가루 $\frac{1}{2}$컵
- 바다 소금 $\frac{1}{2}$작은술

지침:

a) 오븐을 350F 로 예열합니다.

b) 스컬지 코코넛 가루, 호박 파이 향신료, 베이킹 파우더, 스워브, 아몬드 가루, 바다 소금.

c) 계란, 바닐라, 코코넛 오일, 호박 퓨레를 잘 섞일 때까지 저어줍니다.

d) 기름칠한 머핀 틀에 반죽을 붓고 오븐에서 25 분간 굽습니다.

43. 쇠고기 닭고기 미트볼 캐서롤

재료:

- 가지 1 개
- 다진 닭고기 10 온스
- 갈은 소고기 8 온스
- 다진마늘 1 타스푼
- 1 작은 술 갈은 흰 후추
- 토마토 1 개
- 달걀 1 개
- 코코넛 가루 1 큰술
- 잘게 썬 파마산 치즈 8 온스
- 버터 2 큰술
- ⅓컵 크림

지침:

a) 다진 닭고기와 다진 쇠고기를 큰 그릇에 담습니다.

b) 다진 마늘과 간 백후추를 넣습니다.

c) 그릇에 다진 고기 혼합물과 계란을 깨서 잘 섞일 때까지 조심스럽게 저어줍니다.

d) 그런 다음 귀뚜라미 가루를 넣고 섞습니다.

e) 다진 고기로 작은 미트볼을 만드십시오.

f) 에어프라이어를 360F 로 예열합니다.

g) 에어프라이어 바스켓 트레이에 버터를 바르고 크림을 부어주세요.

h) 가지를 껍질을 벗기고 자릅니다.

i) 크림 위에 미트볼을 올리고 다진 가지를 뿌립니다.

j) 토마토를 썰어 가지 위에 얹습니다.

k) 얇게 썬 토마토 위에 치즈 조각을 얹습니다.

l) 캐서롤을 에어프라이어에 넣고 21 분 동안 조리합니다.

m) 서빙하기 전에 캐서롤을 실온으로 식히십시오.

44. 게튀김

재료:
- 거친 가루 귀뚜라미 1 컵
- 밀가루 $\frac{1}{2}$ 컵
- $\frac{3}{4}$ 컵 베이킹 파우더
- 카이엔 $\frac{1}{4}$ 큰술
- 쪽파 2 개, 잘게 썬 것
- 집게발 게살 8 온스
- 식힌 그뤼에르 치즈 4 온스
- 반죽물 1 컵

지침:

a) 대형 더치 오븐에서 1 $\frac{1}{2}$ 인치 기름을 중불로 최대 화씨 350 도(튀김)로 가열합니다.

b) 한편 옥수수 가루, 밀가루, 베이킹 파우더, 카이엔, 베이킹 소다, 소금 3/4 티스푼을 그릇에 넣고 섞습니다.

c) 양파와 양파를 넣고 섞어서 결합합니다. 게살과 치즈를 넣고 포크로 섞어줍니다. 우물 중앙에 버터와 달걀을 넣고 잘 섞어줍니다.

d) 수프를 뜨거운 기름에 숟가락으로 떠 넣고 팬에 엎지르지 않도록 주의하면서 때때로 갈색이 될 때까지 뒤집으면서 3~5 분간 볶습니다.

e) 종이 타월로 옮기고 소금으로 간을 한 다음 남은 반죽으로 반복합니다.

45. 닭고기와 칠면조 미트로프

재료:

- 버터 3 큰술
- 갈은 칠면조 10 온스
- 다진 닭고기 7 온스
- 말린 딜 1 티스푼
- 고수 가루 $\frac{1}{2}$ 작은술
- 귀뚜라미 가루 2 큰술
- 다진마늘 1 스푼
- 신선한 시금치 3 온스
- 소금 1 티스푼
- 달걀 1 개
- 파프리카 $\frac{1}{2}$ 큰술
- 참기름 1 작은술

지침:

a)   갈은 칠면조와 갈은 닭고기를 큰 그릇에 담습니다.

b)   고기에 말린 딜, 고수 가루, 아몬드 가루, 다진 마늘, 소금, 파프리카를 뿌립니다.

c)   그런 다음 신선한 시금치를 잘게 자르고 갈은 가금류 혼합물에 첨가하십시오.

d)   계란을 고기 혼합물에 넣고 부드러운 질감이 될 때까지 잘 섞습니다.

e)   에어프라이어 바스켓 트레이에 올리브 오일을 바르세요.

f)   에어프라이어를 350F 로 예열합니다.

g)   다진 고기 혼합물을 부드럽게 굴려 평평한 층을 만듭니다.

h)   고기 층 중앙에 버터를 넣으십시오.

i)   다진 고기 혼합물로 미트 로프 모양을 만드십시오. 이 단계에서는 손끝을 사용하십시오.

j)   에어프라이어 바스켓 트레이에 미트 로프를 놓습니다.

k)   25 분간 조리합니다.

l)   미트 로프가 익으면 서빙하기 전에 휴식을 취하십시오.

46. 치킨 코코넛 파퍼

만든다: 6

재료:

- 귀뚜라미 가루 $\frac{1}{2}$컵
- 칠리 플레이크 1 티스푼
- 간 후추 1 티스푼
- 마늘 가루 1 티스푼
- 뼈와 껍질을 제거한 닭가슴살 11 온스
- 올리브 오일 1 큰술

지침:

a) 닭가슴살을 적당한 크기로 잘라 큰 그릇에 담는다.

b) 치킨 큐브에 칠리 플레이크, 간 후추, 마늘 가루를 뿌리고 손으로 잘 저어줍니다.

c) 그런 다음 치킨 큐브에 아몬드 가루를 뿌립니다.

d) 닭고기 큐브가 담긴 그릇을 부드럽게 흔들어 고기를 코팅합니다.

e) 에어프라이어를 365F 로 예열합니다.

f) 에어프라이어 바스켓 트레이에 올리브 오일을 바르세요.

g) 치킨 큐브를 안에 넣으십시오.

h) 닭가슴살을 10 분간 익혀주세요.

i) 5 분 조리 후 치킨 포퍼를 뒤집습니다.

j) 요리한 치킨 포퍼는 서빙하기 전에 식하십시오.

47. 로즈마리 향 콜리플라워 번들

만든다: 4

재료:

- ⅓가루 귀뚜라미 한 컵
- 쌀 콜리플라워 4 컵
- ⅓저지방, 잘게 썬 모짜렐라 또는 체다 치즈 한 컵
- 계란 2 개
- 잘게 썬 신선한 로즈마리 2 큰술
- 소금 ½티스푼

지침:

a) 오븐을 400°F 로 예열하세요.

b) 모든 재료를 중간 크기의 그릇에 담습니다.

c) 콜리플라워 혼합물을 12 개의 균일한 크기의 롤/비스킷으로 떠서 가볍게 기름을 바르고 호일을 댄 베이킹 시트에 올려 놓습니다.

d) 황금빛 갈색이 될 때까지 굽습니다. 약 30 분이 소요됩니다.

48. 호박볼

재료:

- 아몬드 버터 1 컵
- 액상 스테비아 5 방울
- 귀뚜라미 가루 2 큰술
- 호박 퓨레 2 큰술
- 호박 파이 향신료 1 작은술

지침:

a) 큰 그릇에 호박 퓨레와 아몬드 버터를 잘 섞을 때까지 섞습니다.

b) 액체 스테비아, 호박 파이 향신료, 귀뚜라미 가루를 넣고 잘 섞습니다.

c) 혼합물로 작은 공을 만들어 베이킹 트레이에 놓습니다.

d) 1 시간 동안 냉동실에 넣어둡니다.

49. 크리켓 버거

재료:

- 물기를 제거한 통조림 병아리콩 400g
- 물기를 제거한 통조림 옥수수 340g
- 말린 귀뚜라미 또는 메뚜기 가루 20g
- 신선한 고수 ½단
- 파프리카 ½작은술
- 고수 가루 ½작은술
- 커민 ½작은술
- 레몬 1 개의 제스트
- 밀가루 3 큰술
- 맛볼 소금

지침:

a) 고수 잎을 선택한 다음 전체 줄기와 함께 푸드 프로세서에 절반을 추가합니다. 귀뚜라미 가루, 향신료, 밀가루, 레몬 제스트, 소금 한 꼬집을 넣습니다. 물기를 뺀 병아리콩과 옥수수를 넣습니다.

b) 이 모든 재료가 섞일 때까지 펄상하되 부드럽지는 않습니다. 여전히 약간의 질감이 있는 것이 좋습니다.

c) 버그 버거 혼합물을 4 개의 고른 패티로 나누고 각 패티의 외부를 밀가루로 가볍게 코팅하여 들러붙지 않도록 합니다.

d) 30 분 이상 냉장 보관하세요. 이렇게 하면 요리하는 동안 서로 붙는 데 도움이 됩니다. 이 단계에서 나중에 사용할 수 있도록 비닐에 싸서 얼릴 수도 있습니다.

e) 큰 프라이팬에 소량의 올리브 오일을 넣고 중불로 돌립니다. 기름이 뜨거워지면 한쪽이 연한 황금빛 갈색이 될 때까지 햄버거를 부드럽게 볶은 다음 뒤집어 다른 쪽도 똑같이 합니다.

f) 원하는 소스와 샐러드와 함께 좋아하는 버거 번에 버그 버거를 제공하세요.

50. 체르뮬라 버터를 곁들인 귀뚜라미

재료:

- 식물성 기름 15ml
- 귀뚜라미 100g
- 어린 시금치 150g
- 라임 1 개의 라임 주스
- 1 작은 소수의 신선한 잎 고수풀
- 다진 정향 1 개, 마늘
- 파프리카와 커민
- 약간 부드러워진 버터 50g
- 칠리페퍼 취향껏
- 좋은 소금 1 꼬집

지침:

a) 먼저 고수 잎을 자르고 체르물라 버터의 다른 재료와 섞은 후 잠시 따로 둡니다.

b) 웍에 기름을 두르고 중불로 달군 후 귀뚜라미를 넣고 1~2 분 정도 볶습니다.

c) 체르물라 버터를 넣고 완전히 녹을 때까지 저어줍니다.

d) 아기 시금치를 넣고 시금치가 시들기 시작할 때까지 세게 젓습니다.

e) 즉시 봉사하고 즐기십시오.

메뚜기와 메뚜기

51. 스위트 칠리 메뚜기

재료:

- 물 비스킷 1 봉지
- 필라델피아 치즈 스프레드 1 팩
- 메뚜기 1 컵
- 스위트 칠리 소스

지침:

a) 물 비스킷에 필라델피아 크림 치즈를 바르고 그 위에 구운 메뚜기를 얹습니다.

b) 스위트 칠리 소스를 뿌린 후 맛있게 드세요.

52. 메뚜기 볶음

재료:

- 계란 국수 2 블록
- 참기름 2 작은술
- 메뚜기 200gm
- $\frac{3}{4}$ 고추, 고리 모양으로 잘게 썬 것
- $\frac{1}{2}$ 자색 양배추
- 맑은 꿀 2 큰술
- 간장 1 큰술
- 라임 2 개

지침:

a) 팩 지침에 따라 면을 삶은 다음 물기를 뺍니다.

b) 냄비에 남은 기름을 데우고 메뚜기, 고추, 양배추를 넣습니다.

c) 몇 분 동안 볶습니다. 꿀, 간장, 라임 주스를 넣습니다.

d) 30 초간 볶은 후 면과 통깨를 넣는다.

53. 건조 구운 메뚜기

재료:

● 메뚜기

지침:

a) 청소한 곤충(신선 또는 냉동)을 베이킹 시트의 종이 타월에 뿌립니다.

b) 곤충이 원하는 만큼 마를 때까지 200°C 에서 1~2 시간 동안 굽습니다.

c) 숟가락으로 곤충을 부수어 건조 상태를 확인하십시오.

d) 뜨겁고 바삭바삭할 때 서빙하세요.

54. 메뚜기 간식/반찬

재료:

● 메뚜기

지침:

a) 메뚜기를 뜨거운 물에 1 분 동안 담가 고정하고 과도한 먼지를 제거합니다.

b) 날개를 제거합니다(선택 사항).

c) 과도한 수분을 제거하기 위해 몇 시간 또는 몇 분 동안 햇볕에 말리십시오.

d) 황금빛 갈색이 될 때까지 팬에서 5 분 동안 볶습니다.

e) 바삭바삭한 간식이나 반찬으로 드세요.

매미

55. 매운 팝콘 매미

재료:

매미를 위하여

- 갓 나온 17년 매미 12마리
- 우스터셔 소스 $\frac{1}{2}$컵
- 다목적 밀가루 $\frac{1}{4}$컵
- 양파 가루 $\frac{1}{4}$작은술
- 마늘 가루 $\frac{1}{4}$작은술
- 달콤한 파프리카 또는 훈제 파프리카 $\frac{1}{4}$티스푼
- 고운 천일염 $\frac{1}{8}$티스푼
- 카이엔 고추 $\frac{1}{8}$작은술
- 큰 달걀 1개
- 튀김용 식물성 기름

향신료 믹스

- 간 커민 $\frac{1}{2}$작은술
- 고운 바다 소금 $\frac{1}{4}$작은술
- 카이엔 고추 $\frac{1}{4}$작은술

a) 살아있는 매미를 밀폐 용기에 넣고 최소 3시간 또는 밤새 얼립니다.

b) 얼린 매미를 철저히 헹구어 먼지를 제거한 다음 작은 그릇에 옮기고 우스터 소스를 그 위에 붓고 잘 섞이도록 저어줍니다. 뚜껑을 덮고 약 1시간 동안 냉장 보관합니다.

c) 우스터셔 소스에서 매미를 제거하고 철망이나 수건을 깐 접시에 옮겨 물기를 뺍니다.

d) 두 개의 얕은 그릇을 준비하십시오. 하나에 밀가루, 양파 가루, 마늘 가루, 파프리카, 소금, 카이엔을 함께 휘젓습니다. 다른 하나는 계란을 털다.

e) 한 번에 하나의 매미를 사용하여 계란에 담그고 여분의 물방울을 떨어뜨린 다음 밀가루 혼합물로 코팅하고 여분을 털어내고 접시에 옮깁니다. 나머지 매미에 대해 반복합니다.

f) 작은 냄비에 팬의 측면 위로 약 1 $\frac{1}{2}$ 인치, 약 1 $\frac{1}{2}$ 컵이 오도록 충분한 기름을 추가합니다. 냄비를 중간 정도 높은 열에 놓고 순간 판독 온도계에 350 도를 기록할 때까지 기름을 데웁니다. 스토브 근처에 철망을 놓거나 큰 접시에 깨끗한 티 타월이나 종이 타월을 깔아 둡니다.

g) 향신료 믹스 만들기: 작은 그릇에 커민, 소금, 카이엔을 함께 휘젓습니다.

h) 매미를 두 번에 걸쳐 한 번에 6 개 정도 옅은 황금빛이 나고 바삭해질 때까지 튀깁니다. 표면에 떠오르면 타지 않도록 조심스럽게 관찰하고 홈이 있는 스푼으로 가끔 저어 골고루 갈색이 되도록 약 2 분 정도 둡니다. 준비된 랙 또는 플레이트로 옮깁니다.

i) 기름에서 꺼낸 뜨거운 매미에 양념 혼합물을 살짝 뿌립니다. 익힌 매미를 작은 그릇에 옮겨 담습니다.

56. 스리라차 아이올리를 곁들인 매미 튀김

재료:

- 36 매미 날개 제거
- 밀가루 ¾컵
- ¼ 컵 옥수수 전분
- 8 온스 스프라이트
- 타이 라임 시즈닝 1 큰술
- 스리라차 아이올리
- 듀크스 마요네즈 ½컵
- 스리라차 ¼컵
- 라임 주스 1 큰술
- 튀김용 카놀라유 2Qt
- 고명 고명 칠리 플레이크 1 작은술

지침:

a) 큰 매미를 많이 잡았으면 봉지에 담아 냉동실에 약 2 시간 동안 두세요. 이것은 그들을 가장 인도적인 방식으로 잠들게 할 것입니다.

b) 냄비에 튀김 기름 2 쿼트를 화씨 350 도까지 가열합니다.

c) 스리라차 마요와 라임 주스를 부드러워질 때까지 섞어서 스리라차 아이올리를 준비하고 서방할 준비가 될 때까지 냉장 보관합니다.

d) 계란 1 개, 밀가루, 옥수수 전분, 스프라이트, 타이 라임 시즈닝 또는 가지고 있는 매운 시즈닝을 함께 섞어 튀김 반죽을 준비합니다.

e) 매미 날개를 제거한 다음 따뜻한 물로 헹구고 물기를 빼고 종이 타월로 두드려 말립니다.

f) 매미를 튀김 반죽에 한 번에 하나씩 담근 다음 기름에 부드럽게 넣습니다. 노릇하고 바삭해질 때까지 3-5 분 동안 조리합니다.

g) 한국 칠리 플레이크와 코셔 소금으로 간을 합니다.

57. 매미 쿠키

재료:

- 쇼트닝 ½ 컵
- 계란 3 개
- 설탕 1 ½ 컵
- 녹여서 식힌 무가당 초콜릿 4 온스
- 베이킹 파우더 2 작은술
- 바닐라 2 티스푼
- 다목적 밀가루 2 컵
- 추가 ⅓ 컵 설탕
- 달걀 흰자 1 개
- 거칠게 다진 견과류 ½ 컵
- 데친 매미 약 60 마리

지침:

a) 큰 그릇에 달걀, 설탕 1½컵, 식힌 초콜릿, 베이킹 파우더, 바닐라를 넣고 잘 섞일 때까지 쇼트닝을 치면서 그릇의 측면을 긁어냅니다.

b) 완전히 섞일 때까지 밀가루를 점차적으로 저어줍니다. 견과류를 저어주세요. 1-2 시간 동안 또는 반죽이 다루기 쉬워질 때까지 덮고 식힙니다.

c) 한편, 함께 저어⅓컵 설탕과 구타 달걀 흰자위. 왁스 종이에 매미를 놓으십시오. 계란 흰자 혼합물로 닦고 따로 보관하십시오.

d) 반죽을 1 안치 볼 모양으로 만듭니다. 기름칠하지 않은 쿠키 시트에 2 안치 간격으로 놓습니다. 각 공 위에 매미를 놓고 가볍게 누릅니다.

e) 375° 오븐에서 8-10 분 동안 또는 가장자리가 굳을 때까지 굽습니다. 식히기 위해 랙으로 옮깁니다.

밀원

58. 거저리 필라우를 곁들인 비둘기 티카 마살라

재료:

- 다진 비둘기 800g
- 다진 정향 1 티스푼
- 커민 가루 1 티스푼
- 훈제 파프리카 2 작은술
- 가람 마살라 2 티스푼
- 레몬 3 개
- 마늘 6 쪽
- 생강 조각 1 개
- 천연 요거트 6 티스푼
- 신선한 고추 3 개
- 양파 2 개
- 마늘 4 쪽
- 신선한 고수 30g
- 매실 토마토 800g
- 치킨 스톡 큐브 1 개
- 코코넛 밀크 800g
- 필라우 라이스 200g
- 밀웜 100g

지침:

a) 정향, 커민, 파프리카, 가람 마살라, 코코넛 밀크를 팬에 섞습니다. 1 분 동안 토스트합니다.

b) 마늘을 으깨고 생강을 갈아서 요거트를 넣고 잘게 썬 비둘기에 마사지합니다.

c) 양파와 마늘은 따로 껍질을 벗기고 고추는 채썰어 기름을 두른다.

d) 20 분간 조리합니다. 고수풀을 넣고 2 분간 끓입니다.

e) 토마토를 붓고 육수 큐브에 부순 다음 코코넛 밀크를 넣고 40 분 동안 끓입니다.

f) 호브에서 팔라우 밥을 20 분 동안 요리하고 물기를 뺍니다.

g) 거저리를 저어서 제공하십시오.

59. 곤충 가루 과일 스무디

재료:

● 선택한 곤충(귀뚜라미 또는 거저리) $\frac{1}{2}$ 컵
● 선호하는 과일 $1\frac{1}{2}$ 컵
● $\frac{1}{2}$ 바나나
● 무가당 코코넛 밀크 1 컵

지침:

a) 곤충 $\frac{1}{2}$ 컵을 고운 가루로 빻습니다. 측정 컵의 반대 방향을 사용하거나 막자사발로 으깨십시오.

b) 선택한 유리에 곤충 가루를 옮깁니다.

c) 선호하는 과일을 으깨서 유리잔에 붓습니다.

d) 퓨레로 만든 과일과 곤충 가루를 함께 섞어 섞습니다.

e) 무가당 코코넛 밀크 1 컵을 붓습니다.

f) 저어 봉사하고 즐기십시오.

60. 거저리 머핀

재료:

페이스트리

- 계란 4 개
- 설탕 1.2 컵
- 베이킹 소다 2 티스푼
- 계피 2 티스푼
- 바닐라 설탕 1 티스푼
- 밀가루 0.8 컵
- 잘게 다진 귀뚜라미 0.4 컵
- 식물성 기름 0.6 컵
- 간 당근 2 컵

착빙

- 크림치즈 200g
- 버터 75g
- 착빙 설탕 250g
- 바닐라 1 티스푼
- 장식용 거저리

지침:

a) 푹신해질 때까지 계란과 설탕을 섞는다. 기름을 저어주세요. 마른 재료를 섞어서 접습니다.

b) 반죽이 부드러워질 때까지 부드럽게 저어줍니다. 마지막으로 강판 당근을 추가하십시오.

c) 머핀 트레이에 종이 양식을 넣고 혼합물을 틀에 붓습니다.

d) 반죽은 상당히 묽기 때문에 작은 국자를 사용하여 반죽을 틀에 채우는 것이 좋습니다. 금형을 채우십시오.

e) $\frac{3}{4}$ 가득. 200C 로 예열된 오븐 중앙에 있는 선반에서 15~20 분간 굽습니다. 머핀을 트레이에서 부드럽게 꺼내기 전에 약 5 분 동안 식힙니다.

f) 크림 치즈 아이싱을 위한 모든 재료를 부드럽고 푹신해질 때까지 섞습니다(크림에 덩어리가 생기지 않도록 부드러운 크림 치즈와 버터 사용).

g) 각 머핀 위에 약간의 아이싱을 올리고 거저리로 장식합니다.

61. 블루베리 밀웜 머핀

재료:

- 일반 밀가루 1½ 컵
- 버터 1½ 컵
- 캐스터 설탕 ½ 컵
- 방목 계란 2 개
- 베이킹파우더 1½ 티스푼
- 냉동 블루베리에 든 블루베리 또는 이에 상응하는 1½ 컵
- 밀웜 1 컵

지침:

a) 버터와 설탕을 함께 크림화한 다음 천천히 계란을 넣고 3 분 동안 섞습니다.

b) 밀가루, 베이킹 파우더, 육두구, 거저리를 넣고 잘 섞이도록 저은 다음 최소 1 시간, 바람직하게는 밤새 냉장 보관합니다.

c) 각 머핀 케이스에 머핀 혼합물 한 스푼을 넣고 각 머핀을 절반 이상 채웁니다.

d) 각 머핀에 약 8 개의 블루베리를 박고 한 줌의 거저리를 뿌립니다.

e) 200C 로 설정된 오븐에서 20 분 동안 또는 윗면이 노릇해질 때까지 굽습니다. 크림과 함께 제공하십시오.

62. 초콜릿 브라우니 서프라이즈

재료:

- 설탕 2 컵
- 녹인 버터 1 컵
- 코코아 가루 $\frac{1}{2}$ 컵
- 바닐라 추출물 1 티스푼
- 계란 4 개
- 밀가루 1$\frac{1}{2}$ 컵
- 베이킹 파우더 $\frac{1}{2}$ 티스푼
- 소금 $\frac{1}{2}$ 티스푼
- 거저리 $\frac{1}{2}$ 컵

지침:

a) 버터를 녹이고 모든 재료를 순서대로 섞는다.

b) 9 x 13 인치 기름칠 팬에서 175C 에서 20~30 분 동안 굽습니다.

c) 식으면 그 위에 화이트 초콜릿을 갈아서 네모 모양으로 잘라 서빙합니다.

63. 초콜릿 밀웜 쿠키

재료:

- 다용도 밀가루 250g
- 베이킹 소다 2g
- 녹인 무염 버터 170g
- 흑설탕 100g
- 백설탕 200g
- 바닐라 추출물 15ml
- 계란 2 개
- 초콜릿 칩 200g
- 밀웜 50g

지침:

a) 오븐을 180C 로 예열합니다.

b) 그릇에 밀가루와 베이킹 소다를 섞습니다.

c) 별도의 그릇에 녹인 버터, 설탕, 달걀, 바닐라 익스트랙을 크림 상태가 될 때까지 섞습니다.

d) 초콜릿 칩과 거저리 반을 넣습니다.

e) 숟가락을 사용하여 소량의 혼합물을 베이킹 트레이에 잘 나누어 놓습니다.

f) 15 분간 굽고 오븐에서 꺼내 식힘망에서 식힙니다.

g) 장식용으로 위에 거저리를 뿌린다.

64. 크런치 밀웜 치즈케이크

재료:

- 소화용 비스킷 1 봉지
- 진저 너트 비스킷 $\frac{1}{2}$ 패킷
- 한 줌의 거저리
- 황금 시럽
- 버터의 손잡이

충전재:

- 땅콩 버터 3 큰술
- 설탕 85g
- 저지방 마스카포네 통 250g
- 더블 크림 1 냄비

장식:

- 녹은 초콜릿 $\frac{1}{2}$ 바
- 밀웜

지침:

a) 베이스를 만들기 위해 모든 재료를 으깨고 버터와 황금시럽을 녹인다. 마른 재료에 넣고 섞은 후 둥근 형태의 깡통 바닥에 눌러 넣습니다. 설정하려면 냉장고에 두십시오.

b) 채우려면 비스킷 베이스 위에 땅콩 버터 층을 펴 바릅니다. 그릇에 크림 치즈가 부드러워질 때까지 섞습니다. 마스카포네에 생크림을 넣습니다. 혼합물을 두껍게 유지하기 위해 휘젓지 않고 설탕을 접습니다. 땅콩 버터 베이스에 부드럽게 바릅니다.

c) 굳으면 녹인 초콜릿과 밀웜으로 장식합니다.

65. 거저리 렌틸콩 샐러드

재료:

- 렌즈콩 $\frac{1}{2}$ 캔 15 온스
- 방울토마토 1 컵
- 쪽파 $\frac{1}{4}$ 컵
- 화이트 와인 식초 $\frac{1}{4}$ 컵
- 파슬리 $\frac{1}{4}$ 컵
- 구운 거저리 및/또는 메뚜기 $\frac{1}{4}$ 컵
- 올리브 오일, 소금, 후추 맛

지침:

a) 렌즈 콩을 헹구고 물기를 빼십시오. 방울토마토 반/분기, 쪽파 슬라이스.

b) 작은 그릇에 모든 재료를 넣고 잘 섞어줍니다.

c) 벌레와 식초, 올리브 오일, 소금, 후추를 넣습니다.

d) 즉시 저어 서빙하거나 냉장 보관하여 풍미를 더 발전시키십시오.

66. 마이크로 가축 미니 피자

재료:

- 잉글리쉬 머핀
- 올리브
- 시금치
- 달콤한 고추
- 메뚜기
- 치즈
- 소금 & 후추 맛
- 피자 소스

지침:

a) 오븐을 화씨 425 도로 예열하세요

b) 베이킹 시트에 잉글리시 머핀을 놓습니다.

c) 찹/슬라이스 토핑

d) 시금치, 고추, 치즈, 동물을 고르게 나누어 얹습니다. 소금과 후추로 간을 맞춘다.

e) 치즈가 거품이 일고 황금빛 갈색이 될 때까지 5~6 분간 굽습니다.

67. 거저리 소바 샐러드

재료:

- 소바 1 봉지
- 얇게 썬 오이
- 얇게 썬 당근
- 얇게 썬 무
- 향신료
- $\frac{1}{4}$ 컵 신선한 레몬 주스
- 올리브 오일 3 큰술
- 취향에 맞는 거저리
- 참깨 맛
- 굵은 소금과 간 후추

지침:

a) 패키지 설명서에 따라 메밀국수를 요리하십시오. 물을 빼다.

b) 오이, 당근, 무, 쪽파는 취향에 따라 얇게 썬다.

c) 그릇에 오이, 당근, 무, 쪽파, 레몬즙, 기름을 넣고 섞습니다. 소바 추가. 소금과 후추로 간을 맞춘다.

d) 차가워질 때까지 약 30 분간 냉장 보관합니다. 거저리를 던져서 제공하십시오.

68. 매콤한 밀웜 맥앤치즈

재료:

- 8 온스 박스 엘보 마카로니
- 버터 $\frac{1}{4}$ 컵
- 다목적 밀가루 $\frac{1}{4}$ 컵
- 소금 $\frac{1}{2}$ 작은술
- 취향에 따라 갈은 후추
- 우유 2 컵
- 슈레드 체다 치즈 2 컵
- 취향에 맞는 거저리
- 취향껏 칠리파우더

지침:

a) 약간의 소금물이 담긴 큰 냄비를 끓입니다. 엘보 마카로니를 끓는 물에 넣고 가끔 저어주면서 완전히 익을 때까지 8 분 동안 익힙니다. 물을 빼다.

b) 냄비에 버터를 중불로 녹입니다. 밀가루, 소금, 후추를 넣고 부드러워질 때까지 약 5 분간 저어줍니다. 버터 밀가루 혼합물에 우유를 천천히 붓고 혼합물이 부드러워지고 거품이 일 때까지 약 5 분 동안 계속 저어줍니다. 우유 혼합물에 체다 치즈를 넣고 치즈가 녹을 때까지 2~4 분간 저어줍니다.

c) 코팅 될 때까지 마카로니를 치즈 소스로 접습니다. 그 위에 밀웜과 고춧가루를 뿌린다.

69. 초코 웜 트러플

재료:

● 다크 초콜릿 150g

● 휘핑크림 150ml

● 코코아 가루 반 컵

● 바닐라 에센스 (취향에 따라 소량)

● 크런치 크리터 거저리 20g(2 x 10g 패킷)

지침:

a) 주전자를 끓이고 물을 냄비에 붓습니다. 팬에 내열 그릇을 세우고 초콜릿을 넣습니다. 천천히 저어 녹입니다. 호브에서 물을 데울 수 있지만 끓이지 마십시오.

b) 크림을 채찍질하십시오.

c) 모든 재료를 섞고 녹인 초콜릿을 크림에 천천히 첨가합니다.

d) 결합되면 냉장고에 2-3 시간 동안 넣어 식힙니다.

e) 식힌 후 냉장고에서 꺼내 공 모양으로 굴립니다.

날아다니는 흰개미

70. 날아다니는 흰개미와 타로 딜라이트

재료:

- 타로 500g
- 신 우유 250ml
- 계란 2 개
- 맷돌 소금
- 250g 신선한 날개를 제거한 날으는 흰개미
- 말린 혼합 허브 꼬집음
- 레몬즙 1 큰술

지침:

a) 씻은 흰개미를 레몬과 혼합 허브에 1 시간 동안 재워둡니다.

b) 매리 네이드에서 제거하고 식용유에 담그십시오. 220°C 에서 굽습니다.

c) 타로가 부드러워지고 완전히 익을 때까지 소금물에 끓입니다.

d) 토란의 껍질을 벗기고 으깬 다음 계란과 신 우유를 서서히 첨가하여 크림 같은 혼합물을 만듭니다.

e) 파이핑 백을 사용하여 둥지에 배관합니다.

f) 토란 둥지를 220°C 에서 단단해질 때까지 굽습니다. 구타 계란으로 제거하고 닦으십시오. 황금빛 갈색이 될 때까지 오븐으로 돌아갑니다.

g) 오븐에서 꺼냅니다. 구운 흰개미를 타로 둥지에 붓습니다. 뜨겁게 서빙하십시오.

71. Choc Chip Swarmer 팬케이크

재료:

- 버터/마가린 60g
- 스웜머 가루 2 티스푼(0.5mm 체에 거른 것)
- 골든 시럽 1 티스푼
- 달걀 1 개
- 소금 한 꼬집
- 생강 가루 1 티스푼
- 일반 밀가루 70g
- 소금 1 티스푼
- 베이킹 파우더 1 티스푼
- 바닐라 에센스 1 티스푼
- 달걀 1-2 개
- 초콜릿 칩 2 큰술
- 말린 구운 날아다니는 흰개미 $\frac{1}{2}$ 컵
- 부드러워진 마가린/무염 버터 50g

지침:

a) 버터, 소금, 바닐라 에센스를 부드럽고 크리미해질 때까지 섞습니다.

b) 계란을 치고 밀가루와 베이킹 파우더를 천천히 첨가하십시오. 떨어지는 농도로 혼합하십시오.

c) 흰개미와 초콜릿 칩을 추가합니다.

d) 얕은 프라이팬에 식용유를 두르고 혼합물을 둥글게 한 스푼 넣습니다.

e) 황금빛 갈색이 될 때까지 한쪽을 볶습니다. 뒤집어서 다른 쪽을 볶습니다.

f) 뜨겁거나 차갑게 서빙하십시오.

72. 터마이트 버거 패티

재료:

- 다진 스워머 350g
- 얼음물 105ml
- 가루 젤라틴 2.5g
- 감자 양념 1 큰술
- 마늘 가루 1 큰술
- 칠리 파우더 1 큰술

지침:

a) 믹싱볼에 스워머 가루, 양념, 물, 젤라틴을 섞습니다.

b) 버거 패티의 부드러운 혼합물을 만들고 균일한 크기의 공 모양으로 만듭니다. 롤링 핀이나 손바닥 사이로 펴십시오. 냉장고에서 10 분간 휴지시켜주세요.

c) 그릴 또는 얕은 튀김. 구운 빵 빵과 좋아하는 양념 및 반주와 함께 제공하십시오.

73. 구멍 속의 흰개미

재료:

- 중간 크기 감자 1kg
- 소금 한 꼬집
- 계란 노른자 2 개
- 달걀 1 개
- 마가린 또는 버터 50g
- 흰 후추 한 꼬집
- 흰깨미 가루 1 티스푼(0.5mm 체질)
- 통째로 구운 군인 흰깨미 200g
- 오레가노 꼬집음
- 식용유 1 큰술

지침:

a) 오븐을 180°C 로 예열합니다. 베이킹 트레이에 기름을 바릅니다.

b) 감자를 씻어서 껍질을 벗기고 다시 씻어서 일정한 크기로 자릅니다.

c) 감자를 살짝 소금물에 넣고 익을 때까지 삶아주세요

d) 을 통해.

e) 감자의 물기를 빼고 으깬 다음 통과시킵니다.

f) 중간 체를 통해.

g) 으깬 감자에 달걀 노른자와 마가린 또는 버터를 넣고 함께 저어줍니다. 맛을 보고 흰깨미 가루와 섞는다.

h) 큰 별관이 있는 짤주머니에 넣고 베이킹 트레이에 직경 5cm 정도의 감자 둥지를 짜냅니다.

i) 프라이팬에 기름을 두르고 흰깨미를 통째로 볶는다.

j) 중간 열 오레가노와 흰 후추를 추가합니다.

k) 튀긴 흰깨미를 감자 둥지 중앙에 붓습니다. 여분의 흰깨미는 별도로 제공할 수 있습니다.

l) 오븐에서 10 분간 구운 후 꺼내어 풀어놓은 달걀을 발라줍니다. 황금빛 갈색이 될 때까지 오븐으로 돌아갑니다. 뜨겁게 서빙하십시오.

74. 흰개미 죽

재료:

● 옥수수가루 2 컵

● 수수가루 1 컵

● 소금을 꼬잡어

● 흰개미 가루 1 컵

지침:

a) 흰개미를 15 분간 삶아 햇볕에 말리거나 오븐에서 70°C 로 건조합니다.

b) 말린 흰개미를 막자사발이나 푸드 프로세서에 넣고 곱게 갈아줍니다.

c) 표시된 비율로 건조 성분을 철저히 혼합하십시오.

d) 흰개미 죽 가루는 밀폐 용기에 보관하고 60 일 이내에 사용하십시오.

e) 죽을 끓일 때 물 250ml 에 물 100g 의 비율로 가루와 서서히 섞는다.

f) 흰개미 죽 가루.

g) 10 분간 계속 저어준다

75. 고소한 흰개미와 달걀 룰라드

재료:

- 계란 2 개
- 전유 120ml
- 다진마늘 120g
- 간 피망 120g
- 흰개미 가루 100g
- 고추가루 1 큰술
- 소금 1 티스푼
- 얕은 튀김용 식물성 기름

지침:

a) 볼에 계란을 깨서 넣고 우유와 소금을 넣고 1 분간 휘젓는다.

b) 양파, 강판 고추를 넣고 섞는다.

c) 프라이팬에 기름을 약간 두르고 중불로 가열합니다. 계란 혼합물의 약 절반을 붓고 거의 윗면이 될 때까지 요리하십시오. 팬의 왼쪽에서 가운데로 오믈렛의 절반을 굴립니다. 오믈렛을 왼쪽으로 이동합니다. 슬라이스하고 봉사하십시오. 오믈렛이 뜨거울 때 자르면 부서지기 쉽습니다.

d) 기름을 조금 더 넣고 계란 혼합물을 오믈렛 오른쪽 공간에 더 붓습니다. 팬의 왼쪽에서 가운데로 오믈렛을 계속 굴립니다.

e) 한 번 더 오믈렛을 왼쪽으로 옮기고 기름을 더 넣고 남은 달걀 혼합물을 오믈렛 오른쪽 공간에 붓습니다.

f) 이것이 설정되면 오믈렛을 말아서 도마로 옮깁니다.

76. 흰개미 확산

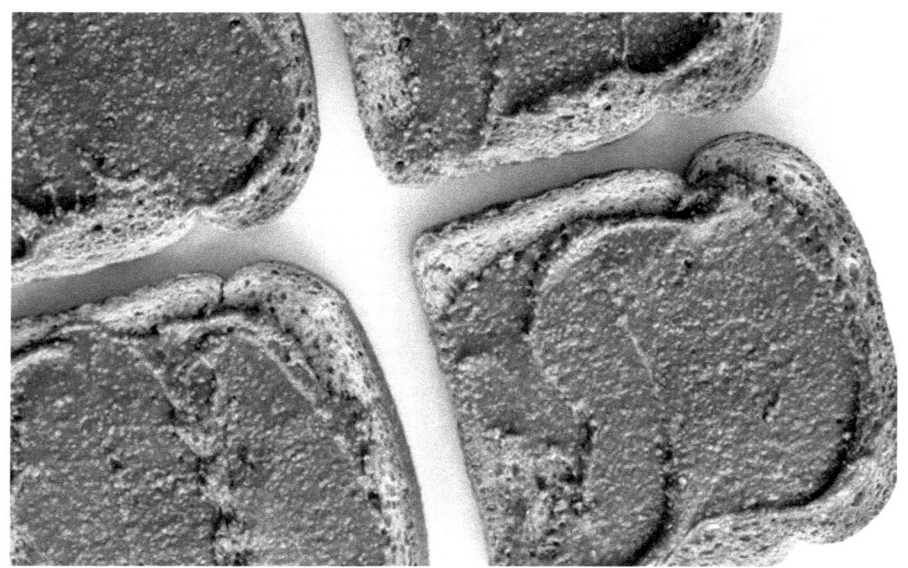

재료:

● 흰개미

지침:

a) 구운 흰개미 또는 날개를 제거한 생 흰개미를 믹서기에 넣고 감자나 빵과 함께 제공할 반죽이나 빵 스프레드를 만드십시오.

b) 즐기다.

77. 흰개미 간식 또는 반찬

재료:

- 흰개미

지침:

a) 과도한 먼지를 제거하기 위해 흰개미를 물에 담급니다. (흰개미는 땅에서 나올 때 날개와 다리에 모래와 흙을 묻힌 채 날아가는 경향이 있습니다.)

b) 약간 갈색으로 변하고 더 기름져 보일 때까지 팬에서 5 분 동안 볶습니다.

c) 날개를 날려 버립니다(선택 사항). 날개는 튀기는 동안 느슨해지고 떨어져 나가며 가벼운 바람에 쉽게 까부르거나 입으로 불어도 됩니다.

d) 생 흰개미를 냉장고에 밤새 보관할 수도 있습니다. 그러면 날개가 가볍게 만져도 쉽게 떨어집니다. 다음에 날개 없이 구울 수 있습니다.

e) 몇 시간 동안 햇볕에 말리거나 수분을 제거하기 위해 몇 분 동안 말리십시오.

f) 맛에 소금을 추가합니다.

g) 바삭바삭한 간식이나 반찬으로 드세요.

78. 베리 쉐이크

재료:

- 흰개미 가루 25g
- 냉동 혼합 딸기 1 컵
- 시금치 한 줌, 선택 사항
- 비유제품 우유 1 컵
- 캐슈 또는 아몬드 버터 1 큰술
- 치아씨드 또는 아마씨 $\frac{1}{2}$T(선택사항)
- 얼음, 필요한 경우

지침:

a) 토핑을 제외한 모든 재료를 블렌더에 넣습니다.

b) 바나나, 계피, 지상 흰개미 가루, 치아씨드, 아몬드 우유, 바닐라를 믹서기에 넣습니다.

c) 부드러워질 때까지 혼합합니다. 필요한 경우 얼음이나 재료를 맛보고 조절하십시오. 토핑을 추가하고(사용하는 경우) 즐기세요

79. 땅콩 버터 쉐이크

재료:

- 흰개미 가루 25g
- 땅콩 버터 또는 땅콩 버터 가루 2 큰술 + 이슬비 추가
- 냉동 바나나 1 개
- 아몬드 우유 ¾컵,
- 필요한 경우 얼음 한 줌

지침:

a) 토핑을 제외한 모든 재료를 블렌더에 넣습니다.

b) 바나나, 계피, 지상 흰개미 가루, 치아씨드, 아몬드 우유, 바닐라를 믹서기에 넣습니다.

c) 부드러워질 때까지 혼합합니다. 필요한 경우 얼음이나 재료를 맛보고 조절하십시오.

d) 토핑을 추가하고 (사용하는 경우) 즐기세요

80. 바나나 아몬드 스무디

재료:

- 코코넛 워터 $\frac{1}{2}$컵
- $\frac{1}{2}$ 컵 알반 그리스 요거트
- 아몬드 버터 3 큰술
- 흰개미 가루 25g
- 껍질을 벗긴 대마 씨앗 1 큰술
- 냉동 바나나 1 개
- 얼음 1 컵

지침:

a)   부드러워질 때까지 혼합합니다.

b)   필요한 경우 얼음이나 재료를 맛보고 조절하십시오.

81. 체리 아몬드 쉐이크

재료:

- 물 또는 아몬드 우유 1 컵
- 흰개미 가루 50g
- 씨를 제거한 얼린 체리 ½컵
- 아몬드 버터 2 큰술
- 얼음 조각 한 줌

지침:

a) 부드러워질 때까지 혼합합니다.
b) 필요한 경우 얼음이나 재료를 맛보고 조절하십시오.

82. 허니 바나나 쉐이크

재료:

- 물 또는 아몬드 우유 1 $\frac{1}{2}$ 컵
- 냉동 바나나 1 개
- $\frac{1}{4}$컵 플레인 그릭 요거트
- 흰깨미 가루 50g
- 꿀 1 티스푼
- 육두구 가루를 뿌린다

지침:

a) 부드러워질 때까지 혼합합니다.

b) 필요한 경우 얼음이나 재료를 맛보고 조절하십시오.

83. 당근 케이크 쉐이크

재료:

- 물 또는 아몬드 우유 1 $\frac{1}{2}$ 컵
- 흰개미 가루 50g
- 잘게 썬 당근 $\frac{1}{4}$컵
- 다진 호두 $\frac{1}{4}$컵
- $\frac{1}{4}$컵 플레인 그릭 요거트
- 계피 가루 $\frac{1}{4}$작은술
- 육두구 가루와 생강 가루 약간

지침:

a) 부드러워질 때까지 혼합합니다.

b) 필요한 경우 얼음이나 재료를 맛보고 조절하십시오.

84. 키 라임 파이 쉐이크

재료:

- 바닐라 그릭 요거트 ½컵
- 아몬드 우유 또는 물 1 컵
- 흰개미 가루 50g
- 라임 주스 1 큰술
- 스테비아 맛
- 얼음 조각 한 줌

지침:

a) 부드러워질 때까지 혼합합니다.
b) 필요한 경우 얼음이나 재료를 맛보고 조절하십시오.

85. 복숭아 오트밀 쉐이크

재료:

- 물 또는 아몬드 우유 1 $\frac{1}{2}$ 컵
- 흰개미 가루 50g
- 마른 귀리 $\frac{1}{4}$컵
- 씨를 제거하고 껍질을 벗기고 다진 복숭아 1 개
- 얼음 조각 한 줌
- 껍질을 벗기고 다진 냉동 바나나 $\frac{1}{2}$개
- 스테비아 맛

지침:

a) 부드러워질 때까지 혼합합니다.

b) 필요한 경우 얼음이나 재료를 맛보고 조절하십시오.

86. 바닐라 차이 쉐이크

재료:

- 아몬드 우유 또는 물 1 컵
- 흰개미 가루 50g
- 진하게 우려낸 차가운 차 $\frac{1}{4}$ 컵
- 바닐라 추출물 $\frac{1}{4}$ 티스푼
- 계피 가루, 정향, 카다멈 약간
- 얼음 조각 한 줌
- 치아 씨 뿌리기

지침:

a) 부드러워질 때까지 혼합합니다.

b) 필요한 경우 얼음이나 재료를 맛보고 조절하십시오.

87. 애플 파이 라 모드 쉐이크

재료:

- 물 또는 아몬드 우유 1 컵
- 껍질을 벗기고 속을 제거하고 잘게 썬 사과 1 개
- 바닐라 그릭 요거트 $\frac{1}{4}$ 컵
- 사과 버터 1 큰술
- 갈은 사과 파이 향신료 $\frac{1}{2}$ 작은술
- 흰개미 가루 50g
- 스테비아 맛

지침:

a) 부드러워질 때까지 혼합합니다.
b) 필요한 경우 얼음이나 재료를 맛보고 조절하십시오.

88. 계피 롤 쉐이크

재료:

- 물 또는 아몬드 우유 1 $\frac{1}{2}$ 컵
- 흰개미 가루 50g
- 계피 가루 $\frac{1}{4}$ 작은술
- 바닐라 그릭 요거트 $\frac{1}{2}$ 컵
- 마른 귀리 $\frac{1}{4}$ 컵
- 껍질을 벗긴 바나나 $\frac{1}{2}$ 개

지침:

a) 부드러워질 때까지 혼합합니다.

b) 필요한 경우 얼음이나 재료를 맛보고 조절하십시오.

89. 하와이안 선라이즈 쉐이크

재료:

- 아몬드 우유 또는 물 1 컵
- 흰개미 가루 50g
- ½ 바나나
- 파인애플 ½컵
- ½ 컵 일반 그리스 요거트
- 스테비아 맛
- 얼음 조각 한 줌

지침:

a) 부드러워질 때까지 혼합합니다.

b) 필요한 경우 얼음이나 재료를 맛보고 조절하십시오.

90. 스니커두들 쉐이크

재료:

- 물 또는 아몬드 우유 1 컵
- 흰개미 가루 50g
- $\frac{1}{2}$ 바나나
- 크리미 아몬드 버터 1 큰술
- 계피 가루 $\frac{1}{4}$ 작은술
- 바닐라 추출물 $\frac{1}{4}$ 티스푼

지침:

a) 부드러워질 때까지 혼합합니다.

b) 필요한 경우 얼음이나 재료를 맛보고 조절하십시오.

91. 초콜릿 칩 쿠키 쉐이크

재료:

- 아몬드 우유 또는 물 1 ½ 컵
- 흰개미 가루 50g
- 마른 귀리 ¼컵
- 모조 버터 맛 ¼작은술
- 바닐라 추출물 ¼티스푼
- 소금 한 꼬집
- 얼음 조각 한 줌
- 미니 초콜릿 칩 1 큰술
- 스테비아 맛

지침:

a) 부드러워질 때까지 혼합합니다.

b) 필요한 경우 얼음이나 재료를 맛보고 조절하십시오.

모파인 웜

92. 모파인 웜 스콘

재료:

- 체다 치즈 80g
- 깍뚝썰기한 중간 양파 1 개
- 잘게 썬 신선한 파슬리 1 큰술
- 기름 1 큰술
- 셀프라이징 밀가루 175g
- 신선한 모파인 벌레 35g
- 모파인 웜 분말 30g(0.5mm 체질)
- 잉글리시 머스타드 가루 ½ 작은술
- 소금 ½ 작은술
- 카이엔 고추 ½ 작은술
- 버터/마가린 75g
- 큰 달걀 1 개
- 우유 2~3 큰술
- 후추 한 꼬집

지침:

a) 오븐을 200°C 로 예열합니다. 베이킹 트레이에 기름을 바르고 먼지를 털어냅니다.

b) 큰 믹싱 볼에 밀가루, 소금, 카이엔 후추, 후추를 체질합니다. 모파인 벌레 분말을 추가합니다(푸드 프로세서에서 분쇄/분쇄하고 0.5mm 체로 체질).

c) 마른 재료에 마가린/버터를 넣고 모래 질감이 될 때까지 문지릅니다.

d) 신선한 모파인 벌레를 15 분 동안 삶아 물을 버립니다. 깨끗한 물을 넣고 다시 15 분간 끓인다. 물을 버리고 두 번 더 반복하십시오.

e) 삶은 모파인 벌레를 베이킹 트레이에 놓고 소금을 뿌린 다음 건조하지만 유연해질 때까지 약 10 분 동안 과도한 수분을 제거합니다.

f) 체질한 밀가루 혼합물에 모파인 웜과 간 치즈의 절반을 넣고 섞습니다.

g) 밀가루 중앙에 홈을 만들고 풀어놓은 계란을 넣어줍니다. 그릇의 측면을 깨끗하게 유지하는 부드러운 반죽이 될 때까지 둥근 칼날로 섞습니다. 필요한 경우 우유를 추가합니다.

h) 밀가루를 살짝 뿌린 표면에 반죽을 놓고 2cm 두께로 밀어줍니다. 스콘 커터를 사용하여 스콘을 잘라냅니다. 모든 반죽을 다 사용할 때까지 반죽 조각을 결합하고 다시 굴립니다.

i) 베이킹 트레이에 스콘을 놓고 우유나 달걀물을 바르고 그 위에 남은 강판 치즈를 뿌립니다.

j) 오븐 상단에서 10-12 분 동안 또는 치즈가 녹은 상태에서 부풀어 오르고 황금빛 갈색이 될 때까지 굽습니다. 따뜻하거나 차갑게 서빙하십시오.

93. 모파인 웜 사모사

재료:

사모사 반죽

- 박력분 250g
- 소금 1 티스푼
- 따뜻한 식용유 80ml
- 따뜻한 물 8 큰술

모판 필링

- 모파인 웜 50g
- 식용유 3 큰술
- 다진 중간 양파 ½개
- 흰 후추 한 꼬집
- 달걀 1 개
- 마늘 가루 한 꼬집
- 소금 한 꼬집
- 뜨거운 카레 가루 한 꼬집
- 잘게 썬 중간 당근 1 개

지침:

사모사 반죽

a) 볼에 밀가루, 소금, 식용유를 섞습니다.

b) 따뜻한 물을 넣고 부드러운 반죽이 되도록 섞는다.

c) 반죽을 랩핑하고 30 분간 휴지시킵니다.

d) 페이스트리가 이완되면 4 개의 동일한 공으로 나누고 얇은 원으로 굴립니다.

e) 마른 프라이팬을 가열하고 패스트리 원형을 양쪽에서 10 초 동안 가볍게 익힙니다.

f) 랩이나 젖은 천으로 덮어 건조를 멈추십시오.

모판 필링

g)   모파인 벌레에서 머리를 제거하고 나머지는 작은 조각으로 자릅니다.

h)   10~15 분간 끓입니다.

i)   남은 불순물을 제거하기 위해 깨끗한 찬물에 담가 두십시오.

j)   맑은 물이 나올 때까지 모파인 벌레를 헹굽니다.

k)   프라이팬에 식용유를 가열합니다. 모파인 웜, 소금, 백후추, 마늘가루를 넣고 섞는다.

l)   15 분 동안 튀깁니다. 카레가루, 당근, 양파를 넣고 5 분 더 볶는다. 식히기 위해 따로 보관하십시오.

사모사 만들기

m)   각 패스트리 원을 4 등분으로 자릅니다.

n)   구타 계란이나 밀가루와 물 페이스트로 가장자리를 닦으십시오. 원뿔 모양으로 만들고 소를 추가하십시오. 나머지 가장자리를 닫고 밀봉합니다. 휴식을 취하십시오.

o)   튀김기에서 기름을 데우십시오. 여분의 페이스트리 한 조각을 기름에 떨어뜨리면 즉시 거품이 일고 올라오면 충분히 뜨거워진 것입니다. 사모사 사방이 황금빛 갈색이 될 때까지 한 번에 두세 개씩 튀깁니다.

p)   기름이 안 배는 종이에 물기를 빼고 서빙하십시오.

q)   덜 기름진 것을 선호하는 경우 오븐에서 사모사를 구울 수 있습니다. 양면에 오일을 바르고 180 °C 로 예열된 오븐에 20 분 동안 또는 모든 면이 황금빛 갈색이 될 때까지 한 번 돌립니다.

94. 모판 웜볼

재료:

- 신선한 모파인 벌레 100g
- 분말 모파인 벌레 1 큰술
- 계란 노른자 3 개
- 소금 1 티스푼
- 삶은 쌀 200g
- 밀가루 50g
- 흰 후추 $\frac{1}{2}$ 작은술
- 이탈리안 시즈닝 1 큰술
- 빵가루 1 컵
- 코팅용 여분 계란

지침:

a) 모파인 벌레를 깨끗이 씻어서 30 분 이상 끓여서 부드럽게 만드세요.

b) 오븐을 180°C 로 예열합니다. 베이킹 시트에 기름을 바르고 먼지를 털어냅니다.

c) 큰 믹싱 볼에 모파인 웜을 섞고,

d) 소금, 이탈리안 시즈닝, 백후추. 30 분 동안 그대로 둡니다.

e) 모파인 혼합물에 모파인 지렁이 가루와 쌀밥을 넣고 섞는다.

f) 계란 노른자를 서서히 첨가하면서 혼합물이 부드럽고 유연한 공이 될 때까지 계속 저어줍니다.

g) 손바닥에 밀가루를 뿌린다. 혼합물 1 테이블스푼을 손바닥에 놓고 단단한 공 모양으로 굴립니다.

h) 볼에 달걀과 달걀 흰자를 묻힌 다음 빵가루를 묻혀 따로 둡니다.

i) 베이킹 시트를 놓고 오븐 중간 선반에서 30-45 분 동안 또는 노릇해질 때까지 굽습니다. 또는 겉이 바삭해질 때까지 모파인 볼을 뜨거운 기름에 튀깁니다.

j) 두꺼운 토마토와 양파 소스와 함께 제공하십시오.

딱정벌레

95. 풍뎅이과 딱정벌레 컵케이크

재료:

- 박력분 2¼컵
- 베이킹 파우더 2 작은술
- 소금 1 티스푼
- 마가린 또는 버터 250g
- 캐스터 설탕 ¾컵
- 바닐라 에센스 1 티스푼
- 달걀 2 개
- 초콜릿 가루 300g
- 딱정벌레 가루 ½컵(0.5mm 체질)
- ¼ 컵 끓인 차가운 커피
- 코코아 가루 4 티스푼
- 신 우유 ½컵

지침:

a) 오븐을 190°C 로 예열합니다. 머핀 틀에 기름을 바르고 컵케이크 컵을 틀에 넣습니다.

b) 마가린/버터와 설탕을 크림화합니다. 바닐라 에센스를 저어주세요.

c) 박력분, 베이킹파우더, 소금, 초콜릿, 코코아파우더를 볼에 넣고 체질합니다.

d) 계란을 크림 마가린과 설탕에 한 번에 하나씩 접습니다. 계속 저어주면서 가루 혼합물과 커피를 조금씩 번갈아가며 넣어 응고를 방지합니다.

e) 풍뎅이과 가루를 넣고 점도가 떨어질 때까지 완전히 섞습니다. 필요에 따라 커피나 우유를 추가합니다.

f) 종이 컵케이크에 혼합물 한 스푼을 넣고/기름을 바르고 밀가루를 뿌립니다.

g) 머핀틀.

h) 오븐에서 15 분 동안 또는 잘 부풀어 꼬챙이가 깨끗해질 때까지 굽습니다.

96. 딱정벌레 튀김

재료:

- 달걀 2 개
- 셀프 라이징 밀가루 200g
- 중간 양파 1 개, 잘게 썬 것
- 다진 마늘 1 쪽
- 식용유 300ml
- 간 후추 한 꼬집
- 소금 1 티스푼
- 풍뎅이 딱정벌레 전체 또는 가루 300g

지침:

a) 10 분 동안 풍뎅이 딱정벌레 통째로 삶아 물기를 뺍니다. 세 번 반복합니다. 마지막 끓일 때 소금을 넣어 간을 맞춥니다. 물을 빼다.

b) 삶은 딱정벌레를 믹싱볼에 담습니다. 양파와 식용유 1 티스푼을 섞는다. 시원한.

c) 밀가루를 다른 믹싱 볼에 체질합니다. 계란, 소금, 다진 마늘, 후추를 넣습니다. 떨어지는 농도로 혼합하십시오. 풍뎅이 딱정벌레를 추가합니다. 뚜껑을 덮고 30 분 동안 냉장 보관합니다.

d) 프라이팬에 남은 기름을 가열합니다.

e) 혼합물의 큰 스푼을 측정하고 3-4 분 동안 양쪽에서 볶습니다.

f) 뜨거울 때 서빙하십시오.

악취가 나는 벌레

97. 노린재 생강 너겟

재료:

- 구이 및 거칠게 분쇄된 노린재 40g
- 박력분 200g
- 베이킹 파우더 2 작은술
- 마가린 또는 버터 100g
- 생강 가루 1 큰술
- 달걀 2 개
- 신선한 우유 50-100ml
- 설탕 80g
- 튀김용 식용유 3 큰술

지침:

a) 모든 죽은 벌레, 잎 및 부스러기를 살아있는 벌레와 분리하십시오.

b) 살아 있는 벌레를 항아리에 넣고 나무 숟가락으로 벌레를 저으면서 소량의 따뜻한 물을 추가합니다(그림 12). 이 과정에서 벌레는 경보 또는 방어 페로몬을 방출하여 벌레가 좋은 맛을 얻도록 합니다. 이 단계에서는 경보 페로몬 기둥과 눈이 직접 닿지 않도록 주의해야 합니다. 버그가 완전히 죽을 때까지 이 과정을 세 번 반복합니다.

c) 물에서 벌레를 걸러내고 요리 냄비에서 불에 말립니다.

d) 곤충 위에 불꽃을 사용하여 죽은 곤충이 방출하는 나머지 휘발성 물질을 모두 제거합니다(그림 13). 녹색에서 황금빛 갈색으로 변하는 데 약 3 분이 소요되며 건조가 종료되었음을 나타냅니다.

반죽 준비

e) 박력분, 생강가루, 베이킹파우더는 함께 체쳐주세요.

f) 으깬 식용 노린재와 설탕을 넣고 저어 섞습니다.

g) 마가린/버터와 설탕을 가볍고 푹신해질 때까지 크림화합니다.

h) 마른 재료에 풀어놓은 계란과 신선한 우유를 넣고 휘핑하여 끈적이지 않고 부드러운 반죽을 만듭니다.

i) 큰 스푼을 사용하여 작은 공 모양으로 만듭니다.

j) 기름칠한 베이킹 시트에 볼을 놓고 180°C 로 예열된 오븐에서 10 분간 굽습니다.

k) 또는 튀김기에 기름을 두르고 너겟을 황금빛 갈색이 될 때까지 볶습니다.

l) 너겟을 식히고 서빙하십시오.

98. 박하 노린재 쿠키

재료:

- 설탕 1 컵
- 부드러운 버터 또는 마가린 $\frac{1}{2}$ 컵 계란 1 개
- 바닐라 에센스 1 티스푼
- 신선한 으깬 민트 1 작은술 베이킹 파우더 1 작은술
- 따뜻한 물 1 티스푼
- 소금 $\frac{1}{4}$ 작은술
- 박력분 $1\frac{1}{4}$ 컵
- 가루 노란재 $\frac{1}{4}$ 컵

지침:

a) 오븐을 180°C 로 예열합니다. 베이킹 시트에 그리스를 바릅니다.

b) 가볍고 푹신해질 때까지 마가린과 설탕을 함께 크림화하십시오.

c) 밀가루, 소금, 노란재가루를 함께 체쳐주세요.

d) 달걀, 민트, 바닐라 에센스를 섞습니다. 박력분, 베이킹파우더, 노란재가루를 체에 거르고 혼합물이 굳기 시작하면 체질한 건조 재료를 조금 더합니다.

e) 크림 혼합물에 따뜻한 물을 추가합니다. 부드러운 반죽 일관성에 우유를 추가하면서 체로 쳐진 나머지 밀가루 혼합물을 저어줍니다.

f) 반죽(큰 스푼)을 베이킹 시트에 놓고 10~12 분 동안 굽습니다.

99. 식용 노린재와 콩

재료:

- 슬라이스 레몬 웨지 5 개
- 식용 노란재 250g
- 소금 1 티스푼
- 식용유 2 작은술
- 물 2 큰술
- 신선한 프렌치반(밭콩) 250g

지침:

a) 식용 노란재를 소금과 물에 5 분간 끓입니다.

b) 물이 증발하면 식용유 1 큰술을 넣는다.

c) 바삭하고 황금빛 갈색이 될 때까지 볶습니다(3 분).

d) 흐르는 물에 프랑스 콩을 씻으십시오.

e) 윗콩과 꼬리콩을 1cm 길이로 썬다.

f) 식용유 1 티스푼에 콩을 3 분간 볶는다.

g) 식용 노란재와 콩을 섞는다.

h) 레몬 웨지를 장식으로 사용하십시오.

100.   식용 곤충을 곁들인 버섯 샐러드

재료:

- 흰색 및/또는 갈색 양송이 버섯 300g
- 엑스트라 버진 올리브 오일 2 큰술은 가능한 한 가장 좋은 것을 사용합니다.
- 트러플 오일 1 큰술 또는 올리브 오일 1 큰술
- 신선한 라임 주스 1 큰술
- 발사믹 식초 2 작은술
- 디종 머스타드 2 티스푼
- 라임 1 개의 갈은 제스트
- 다진 마늘 2 쪽
- 갓 간 후추 1 티스푼
- 잘게 다진 파슬리 ½컵
- 말린 벌레 15g

지침:

a) 버섯을 씻어서 말리고 줄기를 잘라냅니다(육수용으로 보관).

b) 버섯을 아주 잘게 썬다. 최상의 설정에서 만돌린 세트를 사용하는 것이 이상적입니다.

c) 올리브 오일, 트러플 오일, 라임 주스, 라임 제스트, 머스타드, 다진 마늘, 발사믹, 후추를 함께 휘젓습니다.

d) 버섯에 곤충을 넣고 드레싱을 붓고 부드럽게 버무립니다.

e) 서빙하기 전에 15~30 분 동안 그대로 두십시오.

f) 면도한 Parmigiano-Reggiano 를 얹고 서빙합니다.

결론

궁극의 곤충 요리책이 지속 가능하고 맛있는 곤충 소비의 세계를 받아들이도록 영감을 주셨기를 바랍니다. 곤충을 식단에 포함시키면 요리의 지평을 넓힐 뿐만 아니라 보다 지속 가능한 식품 시스템에 기여할 수 있습니다.

곤충은 믿을 수 없을 정도로 영양가가 높고 환경 친화적이며 다양한 요리에 사용할 수 있는 다재다능한 재료입니다. 우리의 요리책에는 각 요리의 풀 컬러 사진과 함께 따라하기 쉬운 100 가지 곤충 기반 요리법이 포함되어 있습니다. 아침 식사부터 디저트까지, 궁극의 곤충 요리책은 모든 식사와 상황에 맞는 무언가를 제공합니다.

곤충 소비의 세계를 계속 탐구하고 창의적이고 맛있는 방법으로 식단에 곤충을 포함시키도록 권장합니다. 그러니 계속해서 이 요리책에 있는 요리법 중 일부를 시도해보고 요리 기술로 가족과 친구들에게 깊은 인상을 심어주세요.

이 요리 모험에 참여해 주셔서 감사합니다. 궁극의 곤충 요리책이 앞으로 몇 년 동안 주방의 필수품이 되기를 바랍니다!

Milton Keynes UK
Ingram Content Group UK Ltd.
UKHW020819110823
426718UK00014B/521